普通高等教育“十三五”规划教材

高校体育教学创新方法论

杨秀清　任　静　于洪波　著

中国石化出版社
HTTP://WWW.SINOPEC-PRESS.COM
中国经济出版社
CHINA ECONOMIC PUBLISHING HOUSE

内 容 提 要

《高校体育教学创新方法论》以体育的创新教育为主要研究对象，阐述了我国目前高校体育教育的现状以及体育创新教育的现状与发展，并对其中的问题进行分析。从体育的教学体系入手，对体育的教学方法、教学手段、教学模式、教学评价进行说明与分析，对教师的创新能力提出了要求。

本书适合高等院校从事体育教学的教师使用。

图书在版编目（CIP）数据

高校体育教学创新方法论/杨秀清，任静，于洪波著．—北京：中国石化出版社，2019.9
普通高等教育“十三五”规划教材
ISBN 978-7-5114-5527-7

Ⅰ.①高… Ⅱ.①杨…②任…③于… Ⅲ.①体育教学—教学研究—高等学校 Ⅳ.①G807.4

中国版本图书馆 CIP 数据核字（2019）第 201164 号

中国石化出版社出版发行
地址：北京市东城区安定门外大街 58 号
邮编：100011 电话：(010)57512500
发行部电话：(010)57512575
http://www.sinopec-press.com
E-mail:press@sinopec.com
北京富泰印刷有限责任公司印刷
全国各地新华书店经销
*
710×1000 毫米 16 开本 11.25 印张 217 千字
2020 年 1 月第 1 版 2020 年 1 月第 1 次印刷
定价：56.00 元

前　言

“体育”自20世纪初传入我国伊始，中国体育的发展已经从学习、借鉴、效仿西方体育的内容、模式等方面中走出，正在全面走进一个非常兴盛和繁荣的时代，走进一个世界范围内公认的具有典型特色的中国体育发展模式中。这样一个时代的到来，不仅体现我们在世界竞技体育领域所拥有的强大话语权方面，体现在当下的中国群众体育的如火如荼的进程中，而且还体现在体育文化无处不在地成为中国人生活方式中的一种重要的文化内容中。

今天的体育，已经时时处处地发生在我们身边。从关注体育到参与体育、享受体育，我们在体育的欣赏中获得一种消遣；在体育的参与中获得一种娱乐；在体育的实践中获得一种人生的体验。2008年北京奥运会的成功举办，践行了“绿色奥运、科技奥运、人文奥运”三大理念，向世界展示了一届无与伦比的奥运会，也向世界展示了一种新的中华民族的精神和智慧。体育的价值也在和谐社会和小康社会的建设过程中，高扬着奥林匹克精神，实现着对世界和平主题的不懈追求，成为社会进步文化的重要内容和载体。

当今，是体育发展的最佳时期。因为，体育的生活化、体育的大众化、体育的产业化等现实正在改写着人们长期以来对体育的狭隘认知，不断地放大体育的价值和功能，张扬着体育的文化魅力。但是，在体育繁荣发展的进程中，也有许许多多的问题正在困扰着我们，正在影响着体育的可持续发展。正如我国著名学者李惠斌、薛晓源在其主编的《中国现实问题研究前沿报告》中指出的“当代中国正处在一个全面的社会转型期。各种现实问题、政策期许、学术批判、理论预设等层出不穷……对于中国现实问题的研究，是这个时代理论工作者的幸运，也是他们的责任”那样，体育的发展也同样如此。

创新可以说是当前国内外都比较关注的热点问题，各国也都试图创建自己的国家创新系统，并把创新、创造作为提高国家竞争力的重大战略举措予以实施。尤其新一轮突发而至的经济危机对我国实体经济的重大冲击效应正不断地扩大化，已经严重地影响了我国经济的高速增长。因此，自主创新、创造力的提升依然是尽快扭转这种不利局面的最佳应对手段；也必须遵循并切实地践行科学发展观，坚持自主创新才能真正实现中华民族的伟大复兴。

基于此，我们特意组织编纂了《高校体育教学创新方法论》一书，旨在为高校体育教学与自主创新工作的全面开展提供相关借鉴。本书主要由高校体育教学体系的创新构建、高校体育方法的创新发展、高校提议教学手段的创新应用、高校体育教学模式的创新发展、高校体育教学评价的创新发展与高校体育教师创新能力发的要求等部分构成。按照教学体系、教学模式与教学评价等重点模块结合当下时代背景的体育发展主题，进一步阐释了创新背景下的高校体育教育的具体手段与宏观举措。并通过对教学方法、教学手段、对体育教师创新能力的要求的深刻解析，展现出进行全面教学创新是高校体育教育的必然选择。因此，我们必须深入贯彻，并持之以恒地将教学创新作为高校体育教育的价值核心。

由于作者的理论水平与教学经验有限，时间仓促，书中不妥之处在所难免，恳请专家同仁批评指正，欢迎广大师生提出宝贵意见，以便再版修改时完善。

作　者

目　　录

第一章　高校体育教学体系的创新构建

第一节　高校体育教育的创新目标

21世纪的社会，知识不断更新，科技迅猛发展，社会发展对人的素质提出了更高的要求。这就要求我们全面实施适应21世纪的教育。教育是一种培养人的活动，它既具有历史文化的继承性，又有知识再生的创新性，所以，教育是人通过自己有目的的对象性活动而创造的一种新型进化方式，而不仅仅是具有历史文化的继承性，生物性活动或个人心理活动，这也是21世纪的教育精髓所在。因此，教育不仅在过程中要提高人的全面素质，而且更应当突出学生全面素质中的创新能力培养。体育是构成现代教育的重要组成部分，它不仅与其他教育具有一致性，而且还更具有自身的鲜明特性，体育能够为学生提供独有的、开阔的学习和活动环境，以及充分的心理、操作、实践的表现机会，对于促进学生创新能力的发展具有其他学科所无法比拟的优势。可见，培养学生的创造性思维和创造力必将成为21世纪体育教学追求的目标。

一、体育教育目标概述

目标是指人们想要达到的境地或标准，是人们通过努力在一定时期内期望所要达到的预期结果。[①] 体育教育的目标是指在一定的时间内，体育教育实践活动所要达到的预期结果和标准，是各项体育教育工作的出发点和归宿，也是体育教育目的的具体化或精细化。它决定着体育教育的发展方向、内容和实施过程，也是评价体育教育工作的根本依据。

（一）体育教育目标与体育教育目的

一般来说，目的比较抽象，是某种行为活动普遍的、统一的、终极的宗旨或方针。目标则比较具体，是某种行为活动的特殊性、个性化或阶段性的要求。某

① 张松奎．体育教育学［M］．徐州：中国矿业大学出版社，2013.12：40.

一行为的目的最终实现有赖于许多隶属的具体行为活动的完成。目的的内涵和精神贯穿于各个具体目标之中。

体育教育的目的就是通过体育教育达到最终所要的结果。目前，我国体育教育的目的是与其他各种教育相配合，来促进学生正常生长发育、增强体质、增进健康。使学生形成良好的思想品德和意志品质，成为德、智、体、美、劳等全面发展的社会主义建设者和接班人。体育教育目标与体育教育目的的主要区别如下：

第一，体育教育目标具有一定的阶段性，它是对某一阶段学生在经过一段时间学习后所达到的结果的期待，并没有终止。当达到某个阶段的体育教育目标后，就应以此为基础和起点重新设置一个更新的、更高的学习要求，并把它作为今后学习实践活动的行为导向。而体育教育的目的带有最终性的含义，它适合于任何体育教育的阶段，是体育教育通过各个阶段、各种类型的教育或学习活动后所应达到的最终效果，具有长远性和长效性。第二，体育教育目标具有具体的方向性，是特定的价值取向的反映，它告诉教师和学生的是“走到哪里”“怎么走”。而体育教育的目的却没有这种明确的指向性，它揭示的是体育教育要实现什么样的终极价值，对受教育者应产生哪些实质性的改变。第三，体育教育的目标具有积极进取的前瞻性和激励作用，它虽然是体育教育付诸实施之前对体育教育工作和学生学习效果的设想，但对于激励师生共同努力进取具有很好的作用。而体育教育目的是对体育教育在整体上、宏观上最终应实现的价值、功能和作用的高度概括。

虽然体育教育的目的与体育教育的目标存在较多的实质性差异，但二者之间又具有一定的统一性和协调性。体育教育的目的相对体育教育的目标比较稳定，一旦确定后在很长一段时间内不会更改，它是体育教育的目标形成的依据和精髓。体育教育的目标以体育教育的目的为导向，但它比较灵活，针对不同特点和层次的教育对象、教育要求、教育环境条件等因素会产生相应的改变，是体育教育的目的在实现过程中有步骤、有层次的体现。它始终都贯穿和渗透着体育教育的目的的核心思想和要求，并以此为归属。

体育教育的目的确定后，体育教育的目标应以体育教育目的为归属，将体育教育目的分解、渗透、内化在教育目标中，使之协调一致。共同发挥作用，从不同的层次和角度来主导体育教学过程，通过各个体育教学目标和实践活动的积极参与实现体育教育目标，最终达到教育目的要求。

（二）体育教育目标特征

1. 社会性

体育教育不仅是一种教育活动，同时也是一种社会现象，其存在和发展与社会状况有着密切的联系，国家政治、经济等因素直接影响着体育教育的性质和实施状况。由于体育教育对人的发展起到至关重要的作用，因此，它在一定程度上也影响着社会整体的发展。所以，体育教育目标能体现出一定时期社会的特征和阶级利益的需要，并为社会发展发挥一定的作用。

2. 指导性

目标对人们的实践活动具有激励和导向作用，它调节并维持着各种活动的发展方向。体育教育目标影响和制约着体育教育的发展，它明确了体育教育发展的方向，是体育教育各部门和实施者的行为准则和工作要求。同时，它也对受教育者提出了具体的学习要求，使其能明晰自己的学习任务和努力方向。

3. 系统性

体育教育的目标是由不同阶段、不同类型、不同性质的子目标构成的有机整体。它们并非孤立存在，而是依照一定的规则和要求有序排列，环环紧密相扣。它们既互为前提和基础，又相互弥补、相互扩展，形成最优化的组合，共同发挥体育教育的整体功效。

4. 科学性

体育教育的目标虽然是对体育教育工作做出的整体规划和效果预计，但它是在充分考虑了社会和教育发展的需求，并结合体育教育的本质特征和学生与体育教师的实际特点，以及客观教学条件和环境等因素后才得出的关于体育教育发展的规划性文件。它对体育教育工作提供了检查和评定的依据。体育教育的目标不仅反映出体育学科的本质功能，也具有明显的可行性、可观测性和客观性。

5. 层次性

由于各年龄段学生的身心特点有较大的差异，因而学生在不同的学习阶段由于各年龄段学生的身心特点有较大的差异，因而学生在不同的学习阶段有着各自特定的体育教育目标，包括学前、初等、中等和高等体育教育目标等。另外，根据实现周期的不同，体育教育目标还可分为短期目标和长期目标。虽然从表面上看各类目标的内容不同，但实际上它们之间从低到高、从小到大或从具体到抽象，都存在着一种递进的层次性，相互间具有一定的从属关系。

（三）制定体育教育目标的依据

1. 社会政治经济状况及体育事业发展的需要

体育教育受一定的社会政治状况和经济发展水平的限制，这些因素决定了体育教育的发展方向和进程。我国正处于社会主义初级阶段，现阶段的任务是发展社会生产力，满足人们日益增长的物质和精神文化需求。因此，我国的体育教育目标必须坚持社会主义方向，围绕社会主义初级阶段的根本任务，为提高全民族的健康生活水平服务。国家的经济发展状况决定了体育事业发展的规模和水平。我国仍处于社会主义初级阶段，人口众多、人均收入不高、地区间经济发展不平衡，这是制约我国体育教育目标发展速度和实现程度的主要因素。

同时，体育教育作为一项特殊的教育活动，不仅是学校教育的有机组成部分，也是体育工作的重要构成部分。体育教育目标必须与教育及体育事业的发展方向相一致，并对其发挥积极的促进作用。只有这样，体育教育才能获得持续、稳定、健康发展的宏观条件和前提保障。

2. 体育教育的本质功能和基本特点

增强体质、增进健康是体育教育的本质功能，而身体直接参与体育实践活动是其基本特点。因此，体育教育目标的制定应突出强调身心协调健康发展，并通过大量的身体实践活动积极促进体能的发展，为终身体育意识的养成做好各项准备工作。正因为增强体质、增进健康是体育事业区别于其他任何事业效能的本质特征，所以体育教育的本质及特点理所当然地成为确定我国体育教育目标的重要依据。

3. 学生的身心特点及实际需求

学生是体育教育目标的体现者，不同年龄阶段及不同性别的学生的生理和心理发展状况有明显的差异。他们在运动能力、认知水平、运动兴趣及体育需求等方面都有差别。这就要求体育教育在内容的选择、组织形式以及方法手段的安排等方面都要做到区别对待。因此，体育教育目标的制定要考虑学生的生理和心理特征，这样才能使体育教育目标的科学性和操控性更强，也能更好地体现学生的主体性。此外，还要充分了解学生的个体实际需求，包括体育学习需求、锻炼需求、近期需要与长期需要等，使体育教育目标更贴近学生的生活，以达到终身受益的效果。

另外，制定体育教育目标时还应充分考虑到各地区、各学校所能提供给体育教育实施的实际条件，包括体育教师的数量与素养、场地与器材设备、教学规模与教学时数等情况，切实保证体育教育目标具有可行性和操控性。

（四）我国体育教育目的

我国体育工作者在遵循教育规律的前提下，结合体育的功能和自身的特点，经过体育教育一线的长期经验积累和可行性检验，确定了我国体育教育的目的：体育教育的目的是促进学生正常生长发育，增强学生的体质，增进学生的健康，与学校各种教育相配合，培养学生良好的思想品德和意志品质，促使其成为具有德、智、体、美、劳全面发展的社会主义建设者和接班人。

（五）我国体育教育总目标

根据现阶段我国的具体国情和时代发展的特征及需求，体育教育是通过各种形式和性质的体育教育活动使学生达到以下要求：有效地增进学生的健康；能较为熟练地掌握和应用基本的体育与健康知识和运动技能；形成运动的兴趣、爱好和坚持锻炼的习惯；培养和形成良好的心理品质，提高人际交往的能力与合作精神；提高对个人健康和群体健康的责任感，形成健康的生活方式；形成积极进取、乐观开朗的生活态度；提高少数学生的运动技术水平。

二、体育创新目标设计

（一）体育创新教育目标的制定

体育创新教育的起点和终点应是明确界定体育创新教育的目标，其基本特征应体现出其时效性、融合性、可行性和层次性。同时，能否科学合理地界定好目标的定位，决定体育创新教育开展的成败。也就是说，面对不同年龄段的学生，体育创新教育的任务和特征应是不同的，所以我们务必根据学生在不同教育阶段的身心特点来明确目标体系的整体框架形式。例如，我国基础教育强调基础性，它以培养学生的基本素质为主旨，尤其注重知识、能力与素质三者的协调发展。因此，在构建基础教育阶段的体育创新教育目标体系时，应本着脚踏实地的态度进行，既要着眼于学生基本的体育创新素养的塑造，也应放眼未来的潜能挖掘。基础教育阶段的体育创新教育目标可以分为三大领域，即认知领域、情感领域和动作技能领域，并进一步拓展设计出横向的不同分支细化的目标体系。

（二）目标设计

1. 体育创新教育目标的基本特征

明确体育创新教育的目标，是体育创新教育的出发点和归宿。时代性、综合性、实践性和层次性是体育创新教育目标的基本特征。

时代性的集中体现是培养“面向未来”的人才；综合性的集中体现是培养综合素质好的创新型人才，也就是说体育创新教育是一种综合素质教育；实践性表现在学生体育实践能力的培养，具有参与社会体育的行动能力和社会适应能力；层次性体现在有可能进行层次化的目标设计，使培养创新人才的总体目标转化为可以操作、评价的具体的体育教育教学目标。

2. 目标设计思路

以总目标为导向来设计目标体系，将总目标在纵向和横向两个方面逐层分解，形成可操作目标体系。即要完整、全面地体现体育创新教育总体目标的规定与要求。在高等体育专业教育中，总体的创新教育目标可以确定为“培养具有创新精神和创新能力的高级专门体育人才”，那么在设计该目标体系时，就应当以此为主线，构建以创新精神、创新能力和专业能力为基本要求的培养目标体系。

3. 目标设计的要求

（1）目标体系的设计需要符合体育学科阶段性特征

不同的教育阶段应当有不同的培养目标，正确的目标定位是实施体育创新教育的基础与前提。在不同教育的阶段中，体育创新教育应具有不同的任务和特征，因此必须结合各个阶段的特点来确定目标体系的结构方式。例如，基础教育强调基石；以培养受教育者的基本素质为主要任务，强调知识、能力与素质三者的协调发展。因此，在设计基础教育阶段的体育创新教育目标体系时，不可好高骛远、急功近利，而要着眼于未来、着眼于体育创新素质的养成。本阶段培养目标可选择创新精神与创新意识为主体或重点，兼顾创新能力的培养；高等体育专业教育以高级专门体育人才的培养为主要任务，强调专业技能的形成。因此，该领域的体育创新教育，侧重点应放在创新精神与创新能力培养，兼顾创业精神的培养。

（2）适应受教育者需求

现代体育教育强调以人为本，要注意受教育者的自身发展需要，实施个性化教育。为了适应不同年龄、不同知识背景、不同爱好和个性的受教育者的需要，体育创新教育培养目标也应该具有弹性，即在统一要求、统一规格的培养目标中，也能够体现发展的目标，体现同一目标下不同类别和水平的要求与规格。这并不意味着受教育者人人都要达到同一水平，在评价指标体系中，可以采取分级分档的办法，以适应不同的教育对象。

我们对体育创新教育的目标设计不应该是僵化和固定的，而应该是动态发展的，它需要在实践中不断地调适和优化以适应体育创新教育的发展。

（3）两类目标体系

我们依据上述体育创新教育目标的特征和设计思路，可以构建横向和纵向的体育创新教育目标体系。体育创新教育横向目标体系的构建是根据体育创新教育总目标进行分类或类别设置；纵向目标体系构建是根据体育创新教育的层次性，在不同的方向上进行总体目标的逐级分解。

①横向目标体系。体育创新教育的基本目标是使受教育者具有一定的体育创新知识、体育创新能力和体育创新素质，从而构建成体育创新教育横向目标体系（表 1-1）。

表 1-1　体育创新教育横向目标体系

体育创新知识		体育创新能力					体育创新素质		
体育知识信息	体育知识结构	观察能力	记忆能力	想象能力	思维能力	实践能力	品德	胆魄	毅力

体育创新教育目标也可分为三大领域：认知领域、情感领域和动作技能领域，并构建出体育创新教育横向目标体系的基本框架。认知领域包括记忆、领会、简单应用、综合应用、创新；情感领域包括接受、思考、形成价值观念、组织价值观念系统、价值体系个性化；动作技能领域包括接受、模仿改进、完善、移植创造等。

②纵向目标体系。体育创新教育总目标（第一个层次目标）是在培养学生体育学科综合能力的过程中，使学生创新精神和创新能力得到有计划、系统的发展。

纵向目标体系的第二个层次目标是根据不同教育阶段来拟定体育创新教育目标。例如，在基础教育阶段，体育创新教育应该使学生了解体育创新的历史，理解其历史意义和现实功能，树立初步的创新意识与心理品质，在提高体育学科能力的同时增强创新能力，在体育实践活动中或者体育创新活动中表现出自主性和创造性。在高等教育阶段，体育创新教育应培养受教育者较强的职业竞争意识与创新开拓意识，在掌握和形成专业基础知识和专业技能的基础上具备较高层次的创新知识和创新能力，形成较稳定和较全面的创新基本素质。在继续教育阶段，体育创新教育要使受教育者形成良好的创造性素质，具有创新开拓、创业致富的能力与本领，不仅能较好地适应社会生活和职业岗位的变化，而且能开创新的生活。

第三个层次的目标是课程目标的设置。体育创新教育的课程设置要敢于推陈出新，不仅在传统的课堂教学中实施，而且注意隐性课程对学生的意识与心理的陶冶，诱发和形成创新意识和创新个性心理品质中的某些因素。另外，拓宽体育实践活动的领域可以结合综合实践活动课程综合开发体育创新实践活动。在实践活动中，培养受教育者的综合素质与综合能力，充分调动受教育者的创新欲望与潜能。课程目标的进一步具体化，转化为单元目标、主题目标或者按运动项目进行的目标设计。教师可以根据单元目标和课时目标编写出具体详尽的教案，对学生实施创新教育。

第二节　高校体育教育的创新内容

一、体育教育内容的性质

体育教育内容是体育教育核心价值观的体现和载体，同时也是实现体育教育目标的基本途径，是教师和学生发生各种教学关系的纽带，也是学生接受体育教育必不可少的组成部分。体育教育内容是根据体育教育目标和实施要求，结合学生发展的需要和客观实际条件，以身体运动为基本形式，使学生在身体、心理、情感、道德和社会适应等方面都获得全面健康发展，并形成运动技能的各种有关体育与健康、健身和生活的基本知识、原理、方法等内容的总称。因此，作为体育教育内容，必须具备以下主要条件：

①它以身体运动知识、原理、方法以及运动技术的掌握和运动技能的形成主要内容。②它以身体的各肌肉群活动为媒介和方式进行教育和学习，并在此过程中机体要承受一定的生理负荷和心理负荷。③它以增强体质、调节心理、形成一定的运动技能和习惯为目标，以促进人的全面健康发展为最终目的。④它必须符合体育教育目的和目标的要求，并适合学生的身体条件、运动能力、生活需求以及具体的实施环境等。

虽然体育教育内容是以运动知识、技术的传承和运动技能的形成核心为目标的，但它与竞技运动相比有较大的差异：①体育教育内容以促进人的发展为目的，并通过体育教育的实施使人获得并保持健康状态；竞技运动则是以开发人的最大运动潜能、争取优异运动成绩为目的，并且在这个过程中还可能会对人体产生一定的损伤。②体育教育内容对人体健康的促进和维持作用是长期的，具有实用性和终身性；很多竞技运动项目由于自身特点的制约因素很难在人们的日常生活中广泛开展，致使其运动效果和技术水平难以实现和恒定保持。③体育教育内容的选择必须依据体育教育目的、目标和参与者的实际情况等因素，并以此对运动技术及其评价标准等进行一定的组织和加工；竞技运动不能因为参与者的条件、参与目的及环境条件的不同而改变其本身的技术结构、要求以及评判方法和标准等。

二、体育教育内容的特点

作为教育内容有机部分的体育教育内容，除了与其他教育内容具有共性外，还具有它自身的特点。认识和理解这些特点对于从事体育教育的人来说是非常重要的。

（一）实践性

实践性是体育教育内容最突出的一个特点。它是指体育教育内容绝大部分都是以身体练习的形式进行的，体育教育内容与体育实践活动密切相连。受教育者本人只有从事以大肌肉群参与为特点的活动才能更好地体验和掌握这些内容。通俗地讲，仅靠语言的传递，仅靠看、想、听是无法学好体育教育内容的。体育教育内容中也有与其他学科一样具有知识部分和道德培养的内容。体育教育内容中的健康和卫生知识、锻炼原理及方法以及体育道德和良好个性的形成，也都需建立在对运动技术的学习和实践中，通过运动中的本体肌肉感觉和记忆才能准确获得，这一点与其他学科的教育内容形成鲜明的对比。

（二）健身性

由于对体育教育内容的学习需要身体的运动实践作为媒介，在此过程中机体所动用的不只是单独的某一块肌肉或一种身体素质。大部分运动技术的学习都是需要机体参与的综合性活动，并发挥其整体效用，这在一定程度上给肢体提供了锻炼的机会。同时，机体也承受着一定量的运动负荷，这种刺激能有效提高机体各种器官和组织的功能，以及它们之间的协调工作能力，对学生身心健康有积极的促进作用。另外，结合当今社会发展以及教育改革的需要，体育教育内容的选编要与学生的身心特点和生活需求相结合。这将使体育教育内容在种类、性质、运动负荷、难易程度、安排顺序等方面都更好地体现出了对个体发展和健康需求的考虑，这也是体育教育内容所特有的。

（三）娱乐性

体育教育内容主要来自体育运动内容，而体育运动的大部分又是来自人们的娱乐性活动，因此，体育教育内容自然含有运动的乐趣。这些运动的乐趣体现在运动学习和运动竞赛过程中的竞争、协同、克服等心理过程中。体现在受教育者对运动的体验和对学习进步的成就感等方面。在传授体育教育内容的过程中，不仅方法多种多样，而且形式丰富多彩，如各种体育游戏、趣味游戏、运动竞赛等，它们都蕴含极强的趣味性。在参与的过程中，不仅能学到运动知识和技术，还能使学生在心理上获得积极的情感体验。

（四）人际交流的开放性

由于体育教育内容多是以集体活动的形式进行的，在体育学习、练习和比赛中人与人之间的交流活动又是极其频繁的，因此体育教育内容与其他教育内容相比具有更明显的人际交流的开放性。体育教育内容以这种人际交流的开放性为基础，使得在体育教育内容学习过程中教师与学生、学生与学生之间的开放性为基础，使得在体育教育内容学习过程中教师与学生、学生与学生之间的关系更加密切。一些以小组或班级形式进行的活动内容使得小团体内的各种分工明确，体育学习中的各种角色变化远远多于其他教育内容。另外，体育教育培养和形成的集体主义精神、协同配合能力、竞争意识、友爱互助的品德等也在一定程度上促进了人与人之间的交流，增加密切联系。

（五）目标多元化

体育教育目标与其他教育目标不同，它不仅包括对体育知识和文化的传承，而且也担负着对受教育者进行德育、智育、美育以及社会适应能力等方面培养的责任。通过体育教育内容的实施，既要增强参与者的身体和心理素质，发展其智力水平，培养审美观念和能力，还要使他们的思想品德、意志、情感、个性等非智力因素获得提高，并形成一定的社会适应能力。其目的是使参与者能健康且全面的发展，提高自身综合素质，这也是素质教育赋予体育教育的使命。

（六）时空特殊性

从学前教育开始，只有体育教育内容是唯一没有间断过的教育内容，这在时间上突出了长期性和连贯性。在空间上，体育教育内容大部分都在户外实施，很多运动所需要的场地是固定的，例如，田径、篮球、排球、乒乓球、游泳等，而且它们也有各自特定的器材和装备。由于体育教育内容的空间制约性，使得体育教育内容对场地、器材具有很大的依赖性，而且使得场地、器材、规则本身也成为体育教育内容的重要部分。

三、体育教育教学内容的结构特征

体育教育教学内容的结构是指体育教育教学中特定的内容之间的分工配合。这个结构是学生掌握体育知识、技术技能，培养品格，进行体育方法训练，实现体育教育教学目标的基础。它必须既能满足社会的需要，又能满足作为教学主体的学生的需要。换言之，就是学生对能满足自己需要的教学内容才能产生兴趣。另外，体育教育目标的达成是建立在相关教学内容共同作用、产生良好的综合效应的基础之上的。因此，教学内容的优化组合是体育教学内容结构的关键，而社会需要是社会对教育目标的要求。从这个角度来说，满足社会需要的过程就是一个促进学生逐步提高社会化程度的过程。社会需要和学生主体需要具有统一性，但它们在满足社会需要的层次上、时间顺序上是不一致的，我们必须把握体育教学内容结构的基本特征。

（一）体育教育教学内容结构的目的性

体育教育教学内容结构具有明显的主观目的性。当客观的需要和主观目的相一致时，所建立的体育教学内容结构才是合理的。目的性含有两层含义：首先，在不同的学习阶段，学生对体育教学内容的需要是不一致的。体育教学的内容结构要与不同学习阶段的学生的需要相对应，体现出结构的层次性，因而需要人们在丰富的体育内容中认真遴选出合理组合，按照体育教学目标去确定体育教学内容结构。其次，体育教学的内容结构要有利于学生形成合理的认识结构、技术技能结构、能力结构和体育方法结构，因此，体育教学内容结构就要能给学生在体育知识、技术技能、体育方法和终身体育能力的形成方面提供一张理想的网络，这就是体育教学内容结构的目的性。例如在小学阶段，对于体育教学的目标主要是提高学生对体育的兴趣，发展他们的基本活动能力，培养自尊心和自信心，进行团队精神的熏陶，因而采用的主要内容是活动性游戏、简单的体操和小型球类活动等，让他们在学习过程中去感受体育的乐趣，在集体练习中培养协作精神，在完成练习中树立自信，在整个活动中使各种基本活动能力得到提高。进入中学以后，体育教学目标提高了，侧重点有所改变，这时的教学内容结构就需要相应地进行调整。

（二）体育教育教学内容结构的联系性

体育知识和运动技能的种类极其丰富，任何体育教学内容结构都只能包含其中的一部分。而选取的这一部分内容，应具有广泛的联系性。通过这些内容的教学后，可以有效地扩大知识范围，打下良好的体育运动技术技能基础并建立良好的能力结构，为学生进一步的发展创造条件。

体育教学内容结构的联系性表现在两个方面：

1. 具有横向特点的广泛性

身心的发展要求是全方位的，既包括保健、营养、卫生、锻炼原理、竞赛规则等基本知识，又包括促进身体发展的各种运动技术技能和练习方法。相对广博的体育基本知识和多样化的运动技术技能是形成良好的体育态度和体育能力的重要条件。

2. 具有纵向特点的复合性

体育教育教学内容要随着学习的进行逐步深化，这是教学的基本规律，就单一的教学内容来说，这就是它的纵向特点，但是体育教学目标是多元化的。它的实现依赖于多种教学内容的综合效应，因此，它势必要求多种内容结合向纵深发展。这就是纵向发展的复合性。这种复合性和广泛性的结合，可以提高体育教学内容结构的全面性和协同性，教学内容的广博性和教学内容之间的联系性对于学生创造性的发展也是非常有利的。

（三）体育教育教学内容结构的相容性

体育教学内容结构的相容性表现在体育教育教学内容结构内部相互渗透、彼此贯通。只有整个内容体系相互联系，形成一个完整的知识体系，产生共轭效应，才是科学的。作为一个知识结构，体育教学内容结构应该是纵向联系、横向相关的。这种结构内部互相关联的特性，必然要求不同的内容之间彼此相容。同时，体育教学内容健身效果的共性和优势现象，使它们对于身心发展的效应表现出相容性。而这种相容性使教学内容的选择更灵活，体育知识技能综合性更强。

（四）体育教育教学内容结构的动态性

体育教育教学内容结构要跟上体育科学发展的步伐、符合社会发展的需要，就必须具有动态性。随着人们对体育科学研究的不断深入、对人体的认识、体育锻炼对人体的作用、运动行为对身心的影响等，都会产生新的知识。这些新的知识必然要及时在体育内容结构中反映出来。另外，随着社会的发展，社会对人才素质的要求是不断变化的。例如，现代社会的快节奏、高竞争性的特点，对人才的竞争力、创造力和良好的心理素质有更高的要求，这些要求应该反映在以满足社会需要和学生需要为出发点的体育教学内容结构之中。因此，体育内容结构总是处在一个动态的变化之中。

（五）体育教育教学内容结构的实践性

体育教育教学内容以实践为主，这是体育的本质属性所决定的。体育的基本知识以对体育的正确理解和能指导体育实践为出发点，建立起围绕体育实践而编织的知识体系网络。[①] 而活动性内容则应以在实践过程中对身心健康水平的良性影响为依据。换言之，就是要考虑它对体育教学目标的贡献，以及各个内容之间的优势互补，使之既能产生教学内容体制改革具有的个别优学目标的贡献，又能产生教学内容体制改革具有的个别优势，并且能形成多种内容结合而成的结构优势。这种优势现象的出现以实践性为前提。

四、体育教育教学内容选择的原则

体育教育教学内容非常丰富，而真正作为教学内容的，仅仅是其中的一部分，因此，需认真遴选。在选择体育教学内容时，应遵循以下原则：

（一）实践性和知识性相结合的原则

实践性和知识性相结合是由体育的本质属性所决定的，利用身体活动来达成教学目标是体育教学的一种最重要的形式。通过实践，要使身体的大肌肉群得到活动，各内脏器官系统得到锻炼，同时体验到体育的乐趣、受到品格的培养和体育方法的训练，这些都是以体育教学内容作为媒介来实现的。体育教学的一个重要目标就是使学生掌握体育知识和发展体育能力，为终身体育奠定基础。这个目标的实现就依赖于二者的结合。知识性主要体现在为什么做、怎么做和为什么要这样做上。这固然要通过基础理论内容来讲授，但更多的是在实践中体验、理解，通过运用来强化。体育教学内容就是联结实践与知识的纽带。

（二）健身性和文化性相结合的原则

健身性是体育教育教学区别于其他教学的显著特点，体育教育教学内容要具有健身性是体育教学的本质属性的反映。文化是人类认识世界、改造世界和适应环境的产物，体育教学内容的文化性就是体育教学内容要有利于提高学生对体育的认识、促进体育情意的培养、树立体育的价值观和体育理想、进行良好的体育道德熏陶。健身性和文化性相结合，就是体育教学内容既具有良好的健身价值，又具有丰富的体育文化内涵。

---

① 张胜利，邢振超，孙宇．高校体育教学与科学训练［M］．北京：九州出版社，2015.

（三）民族性和世界性相结合

体育的形式和内容总是与一些国家或地区的民族文化传统和民族习俗有关的。当今许多风行于世界的体育项目都是发端于各个不同的民族和国家。例如，我国的武术、日本的柔道、希腊的马拉松、欧洲的击剑等，无不具有鲜明的民族色彩。体育教学内容的民族性就是要把具有我国民族特点的那些优秀项目吸收进来，既发挥它们的健身功能，又发挥它们的优秀传统教育效应。然而，体育教学内容仅强调民族性是不够的。任何民族，无论多么优秀，在发展过程中总会受到来自方方面面、形形色色因素的约束，总会具有一定的片面性。对于大千世界来说，这种局限性就显得更为明显。因此，体育教学内容必须体现出民族性和世界性相结合，既要在保留优秀的民族体育内容的基础上，又要充分吸取世界各民族的优秀体育内容，将它们融合在一起，使之形成一个优势互补、功能齐全的体育教学内容体系。

（四）继承性和发展性相结合

继承优秀的传统文化是教学的重要功能。体育教学内容的选择无疑是要吸收国家历史悠久的传统体育内容，使这些宝贵的文化遗产得以继承，这就是体育教学内容的继承性特点。但时代在前进，任何事物总是要不断地发展才能适应时代的要求，否则就必将被历史所淘汰。文化的继承是有选择的、批判性的，对于传统体育内容，应在有选择继承的基础上进一步丰富其内涵，在保留其原有特点和精华的前提下剔除那些落后的、不健康的东西，使其更具有时代气息，这就是体育的发展性特点。对于武术的继承和发展，就是体育教学内容继承性与发展性相结合原则的典型范例。

（五）统一性和灵活性相结合

体育教学内容要面向全体学生，它必须有基本的要求。有一个相对统一的标准，使体育教学有一个较为规范的目标。但它绝不应该是完全、整齐、划一的。首先，我国地域辽阔，各个地区的条件不一致、发展不平衡，教学的相关基础不在同一起点。其次，学生的身心发展水平有差异，体育基础和接受能力也不相同，即使是处于同一个教学阶段的学生，都会表现出明显的不同特点。因此，教学内容必须根据教学条件和学生特点，兼顾统一性和灵活性，才能有利于促进学生身心全面发展。

五、体育教育教学内容与教育内容的共性

由于体育教学内容是教育内容的一个有机部分，因此，它首先具有与教育内容共有的特点。

（一）教育性

由于体育教学内容是对受教育者进行教育的媒体，所以当人们将这些身体活动选为体育教育的内容时，首先想到的是其教育性。体育教学内容的教育性体现在：①对学生的身心发展有好处；②摒弃落后的事物（如赌博、伤害性搏斗等）；③既有冒险性又比较安全；④适合于大多数学生；⑤避免过于功利性。

（二）科学性

由于体育教学内容是在学校进行的有目的、有计划的、系统的教学内容，因此，体育教学内容必须同其他教育内容一样，具有很强的科学性。体育教学内容的科学性主要体现在：①具有丰富内涵，是人类文化和科学的结晶，例如身体科学原理、锻炼科学原理、训练科学原理以及相关的社会科学原理等；②科学和文化含量高；③内容的编制和教学遵循有关教学内容编制和教学的科学规律与原则。

（三）系统性

体育教学内容的系统性表现在：①体育教学内容本身的系统性，即体育运动内在的规律使内容与内容之间、项目与项目之间、技术与技术之间有着某种相关的联系和制约因素，形成体育教学内容的内在结构，而这一内在的结构是编制体育教学内容的依据；②根据教育的目标、学生不同年龄阶段的生长发育特点、教学环境和教学条件，认识体育教学内容的内在规律性特点，系统地、逻辑地安排各个学校、各个年级的教学内容，并处理好它们之间的相互关系。

六、体育教育教学内容的特性

体育教学内容除了在上述三点共性外，还具有它的特性。

（一）运动实践性

运动实践性是体育教学内容的最突出的一个特点。这里的运动实践性是指体育教学内容的绝大部分都是以身体练习形式进行的。体育教学内容与体育实践活

动密切相连。受教育者本人必须在从事这种以大肌肉群运动为特点的运动时才可能真正学好这些内容。通俗地说，就是光用语言的传递，光靠看、想、听是无法学好体育教学内容的。当然体育教学内容中也有知识和道德培养的内容，但是它们同时须要通过运动学习和实践体验，通过运动中的本体肌肉感觉和记忆才能准确获得的。

（二）娱乐性

如前所述，体育教学内容来自各种身体活动，而这些活动的绝大部分又是来自人的娱乐性运动，所以体育教学内容自然内含着运动的乐趣和娱乐性。这些运动的乐趣体现在运动学习和运动竞赛过程中的竞争、协同、克服、表现等心理过程中，体现受教育者对新的运动的体验和对学习进步的成就感，体现在运动的环境、场地、比赛规则、比赛形式等的变化。当受教育者在从事体育教学内容时，必然存在对这些运动乐趣的追求动机，体育教学的效果也受到体育教学内容娱乐性的影响，这也是体育教学内容与其他文化课内容的重要区别。

（三）健身性

由于体育教学内容中的很大一部分是以大肌肉群的运动为形式的技能学习与练习，体育教学内容的学习就必然会对身体形成一定的运动负荷。虽然这种锻炼作用于教学时间的安排、量的多少和学习的目标的优先等各种因素，经常处于非组织性的状态，或者说只是一种副产品的状态，但是，在运动量合理的情况下，参加体育教学内容的学习和练习时，都会对身体产生锻炼的作用。针对这样的情况，在教学实践中有很多追求体育教学内容健身性的努力，例如，在编制体育教学内容时根据受教育者不同的身心特点将这些健身作用进行科学化的设计和控制；在体育教学中将以身体不同部分为主的内容进行搭配；在教学过程中对运动负荷大小进行合理安排、对每个教育内容的健身效果进行评价等。可以说体育教学内容的健身性特点是其他教学内容所不具备的。

（四）人际交流的开放性

由于体育教学内容多是以集体活动的形式来进行的运动的学习和竞赛，而运动是以位置的变动方式来进行的，在运动学习、练习和比赛中人的交往和交流又是极其频繁的。因此，体育教学内容与其他教育内容相比具有更明显的人际交流的开放性，它以此基础，构成对集体精神、竞争、协同培养的独特功能，使得体育教育内容的学习过程中的师生、学生之间的关系更加密切、开放。例如，一些以小组进行的教学内容使得组内的各种分工明确，体育学习中的各种角色变化远远多于其他学科。

（五）空间的约定性

体育教学内容还有一个“空间约定性”的特点。这是因为有很多运动是在固定的场地上进行的，甚至是以场地来命名的，如“田径”“沙滩排球”等。如果这些内容离开特定空间的制约，其内容就会产生质的变化，甚至内容本身就不存在。由于体育教学内容的空间制约性，使得体育教学内容对场地器材具有很大的依赖性，而且使得场地、器材、规则本身也成为体育教学内容的重要组成部分。

七、体育创新教育宗旨的内容体系

上述要求并不是彼此孤立的，它们是相互融合、相辅相成的，共同构成体育教育内容改革的指导思想和信息源泉。在完善学校的体育创新教育活动系统时，应考虑各种需求的协调，以设计出符合体育创新教育宗旨的内容体系。

（一）内容体系

实施体育创新教育，需要设计哪些具体教育内容。在各种创造学著作或教材中，常常将思维教育、发明教育、信息教育、学习教育、科学教育、艺术教育、参与教育和未来教育等方面作为创造教育内容。这种设计对构建体育创新教育内容体系有一定的参考价值。当前的学校范围内体育创新教育内容至少应由以下几部分构成（表 1-2）。

表 1-2　体育创新教育内容体系

1	创造性思维培养
2	科学人文教育
3	体育科技创新教育
4	创业教育

1. 创造性思维培养

创造性思维具有开放、求异、求新等基本特征，是创造性求解问题的心理与智能基础。创造性思维培养对于基础教育阶段的体育创新教育并不需要专门的课程和教学，它可以在体育课程教学过程中渗透创造性思维的培养。体育领域中重大的发现、创造和发明、重要的概念和规律，有其深刻的独特的思维过程，因此要善于在教学过程中揭示这些过程，培养学生的创造性思维能力，并提高他们的科学素养、领悟科学的体育思想的创新和发展。例如：运动训练学上的“超量恢复”理论以及“系统训练”理论的创设过程，体育器材、装备、康复药品和器具的发明过程等等。作为一个优秀的体育教师，需要在教学中使学生带着问题去参与体育活动。这样的思索应能引发他们去寻根溯源、找到逻辑关系、促进学生创造性思维的发展，而不是单一地与最终结果打交道，更是重复训练下的单一思维方式。

高等体育专业教育领域则可以专门开设创造性思维训练的课程，并与各个科目教学中的创造性思维渗透相结合。传统体育教育重视体育知识和技能的训练，在思维方式上也偏重常规思维与再现思维。在体育创造性思维培养中，应注重被传统体育教育忽视了的非逻辑思维，强化学生的想象、联想、灵感、直觉等思维水平，教会学生发散思维、横向思维、逆向思维等求新、求异的技巧。

2. 科学人文教育

走向科学、人文整合的科学人文主义教育思想观念，代表着21世纪教育发展的方向。因此，面向21世纪的体育教育改革需要注重科学教育与人文教育的协同。体育创新教育顺应时代潮流，将科学教育与人文教育纳入自己的教育内容体系之中，一方面注重科学教育内容的重要性，另一方面也重视人文教育内容的必要性。体育创新教育应该通过体育科技内容的传授确立如下人文精神和价值观念：竞争与合作、理解与和平、人的尊严、自由与责任、敬重自然等。同时力图把价值教育放在首要地位，并贯穿于体育创新教育的全过程和各个因素之中。

3. 体育科技创新教育

体育科技创新包括体育知识创新、技术发明、技术创新等实践活动。贴近生活、贴近现实的体育创新教育，理应将这些方面纳入自己的内容体系之中。

体育知识创新教育，侧重在体育科学方面的教育，使学生了解体育科学的价值、体育科学发展的规律，引导学生热爱体育科学，鼓励学生通过科学观察和科学实验去发现新的事实，探索奥秘，并在体育教育活动中强化求知欲望与探索精神。

体育技术发明教育，主要有体育发明创造的价值、体育发明创造原理与方法。通过体育发明教育，使学生破除体育领域发明创造的神秘感，能运用所学的体育科学技术知识去开创新的领域，创造新的产品，在构思新技术方案的实践中提高创新能力。

体育技术创新是将体育科技成果转化为商品并给企业带来利润的过程，是体育科技与经济的结合。进行体育技术创新教育，应让学生了解体育技术创新的功能、体育技术创新的基本过程以及体育创新体系的基本结构。

4. 创业教育

体育创新教育中的创业教育是侧重创业精神培养的新型体育教育理念与实践。所谓创业精神是指人们在创办基业或事业的过程中，表现出来的活力和高昂的精神面貌。当它发生在个体身上的时候，则表现为创造新事业的一种良好的思维方式和心理状态。创业精神的形成和发扬是人们认识世界、改造世界的动力，是人们开创事业的强大精神支柱，也是我们迎接创新时代挑战不可缺少的精神力量。体育创新教育中加入创业精神教育，是我国推进体育创新教育的新思路，尤其是高等体育专业领域的体育创新教育，在注重创新精神、创新能力的同时，也要加强创业精神的教育。当前体育产业的发展迫切需要一大批能将体育科技成果转化为现实生产力的创新企业家。因此，实施体育创新教育，不能缺少创业教育的内容，这也是适应知识经济时代的体育创新教育的一大特色。

（二）体育创新教育内容的设计

体育创新教育活动体系能够有效运行的基本要素之一是体育创新教育的内容，它起着主客体连接桥梁的作用，因此体育创新教育内容是整个系统得以顺利运行的核心。综合来看，它主要是指能够实现体育创新教育目标和主旨意图的所有知识体系、技能范畴和价值观念及主客体行为。体育创新教育的内容不仅局限于体育创新理论知识，而且囊括了容易被人忽略的潜在的体育技能创新意识、能力和价值观。所以，体育创新教育内容的构建思路应充分考虑当前社会发展的要求，力争实现学生个体想法、体育学科发展规律之间的有机衔接、吻合，应结合不同地域、不同教育层次、不同学校类型、不同年龄段的学生进行整体的设计安排。例如，基础教育阶段和中级阶段、高等体育专业教育阶段以及继续教育阶段的设计思路应有一定的差异性。

哪些具体教育内容是实施体育创新教育需要重新设计的，要做到心中有数。可以大力借鉴相关学科领域在创新教育内容上的设计策略，例如，各种创造学著作或类似教科书中常用的教育内容，可以大胆予以引进、吸收；常用的思维训练、发明创造教育、信息化素养训练、科学精神的培育、各种创造学著作或类似教科书中常用的教育内容，可以大胆予以引进、吸收；常用的思维训练、发明创造教育、信息化素养训练、科学精神的培育、艺术设计教育等内容，都可以作为构建创新教育内容体系的参考。

按照这种设计思路指引，学校教育系统内体育创新教育内容可包括：创造性思维及方法培养、科学人文精神的塑造、体育科技创新方法和体育创新意识教育。

（三）体育创新性教学方案的设计

结合前人的研究，体育创新性教学设计至少包括如下步骤：

（1）体育创新教学预期目标的定位。首先，要规定好创新精神和创新能力的范畴；其次，要保证目标陈述的明确化、具体化。也即尽可能地运用一些可量化的指标作为检测教学结果情况，如能够直观地观察和运用简单的工具测量学生的行为变化。这就要求我们事先应不断深入的调研，分析、总结出所教学生在体育学科领域中创新性行为、意识的特征、规律、内外形式等，为准确地制订相关的衡量标准打基础。

（2）学生初始水平状态的确定。这主要是对包括他们原有体育知识、运动技能和体育锻炼、学习、训练等方面的动机、状态和创造力水平的全面掌握。

（3）分析学生从起点状态发展到教学预期目标应掌握的知识技能或形成的态度与行为习惯。

（4）思考运用何种方法、方式呈现体育教学内容并予以学习指导。

（5）考虑运用何种方法引起学生的关注并提供反馈，如课堂练习的设计、课后训练任务、自学内容的安排等。

（6）分析对教学结果如何进行科学测量和评价，尤其注意非智力因素中创新的态度、情感、意志等方面的综合测评效果。

针对以上六个方面综合进行体育创新教学的设计，需要体育教师具备充分的自我知识积淀。一方面自身理论知识多元化，另一方面技能娴熟自动化。自身理论知识不仅指掌握体育学科领域范围之内的知识技能和简单的创造教育知识，而且应储备一些必要的心理学、教育心理学方面的知识。因为体育教师进行教学设计，离不开对一般学习心理学原理、体育学习心理学原理以及创造心理学原理等知识的理解和运用。

首先，体育教师必须对其自身所教的知识类型能够有效地鉴别出其所处的领域，能够明确面对不同阶段、不同层次的学生该教哪些基础知识，哪些体育知识可以忽略，哪些体育创新知识必须加以强化引导。只有明确这些基本点，才能合理地制订出整个体育创新教育教学过程。

其次，现代信息技术的发展加快了教育技术的发展步伐，多媒体和高速智能化网络的综合应用将成为各个学科教学的发展方向。体育创新教学过程设计应综合考虑这些现代化教学工具、先进教学理念的支撑。其中，研究性体育课程尤其值得关注。寻求多媒体教学技术支持将是未来的发展目标，以建构主义的认知工具理论为基础演变而来的研究性体育课程多媒体教学模式，最大特点是让学生承担一定的研究任务，带着研究性的学习理念参与教学活动。和传统教学过程相比，学生从旁观者的角色转变为参与者，这种教学模式主旨意图在于运用实践事实来论证一些观点和想法，而不是直接替学生去想，教师和学生都在此过程中提出自己的创新性观点和思路，并积极围绕该想法进行搜寻信息、理顺信息，这样对信息的掌握情况是否具有针对性、一致性的深度认识就反映了学生的创新素养水平和自我认知理解层次。

最后，该种教学模式注重于科学地运用现代化多媒体技术手段。即引入和使用多媒体技术教学的时候，应避免打破学生连贯的研究活动，同时体现多媒体技术只是作为一种现代化教学工具，只能推动体育科学探究、体育创新活动有力前进，而不是阻碍、干扰学生的思路，更不能导致学生创新意识的中断或偏向。应积极发挥其在促使学生对所探究的体育科学领域热点问题的明晰化作用，带动学生自主探究性高级思维活动的不断产生。

从目前学者的分析和国内外教学实践活动的现状来看，并未形成一个相对定型化的运用多媒体技术的研究性体育课程教学模式。但实施多媒体教学需要注意：第一，要明确界定恰当的研究主题，教师在筛选主题时，应充分考虑其是否具有一定的探究性价值和能够有效地融合运用各种既有的研究途径，同时还应吻合一定的条件。主题应能够带动学生创新意识的发展和自身探究兴趣的提高，即让学生感觉到有意义和积极参与其中；应有较广阔的范畴，便于学生个性化的选择形成个人探究方向；应能够体现出一定的生活化、社会性、逻辑性，便于学生体验式学习。第二，整个过程应保证研究性教学的科学性。研究科学性至关重要，不仅反映在使用的研究方法上，也反映在学生对待从事实施的体育探究性学习的态度上，更反映在探究性学习活动的结果中——研究性报告。所以教师在确定学生研究方向后，应把握好如何指导、引导好学生有效地进行探究学习。尤其要注意避免越俎代庖、粗暴地干预学生自主探索研究进程现象的出现。教师应做好真正地导学，帮助学生逐步树立科学的、专业的研究方法意识，不过多地追求于所谓的“唯一正确”的结果而抹杀广大学生“求真”的科学探究精神。

第三节　高校体育教育的创新课程发展

一、体育课程的概念

（一）课程概念的基本理解

课程在教育活动中是处于基础和核心地位的。但遗憾的是，由于课程自身的复杂性，研究者的出发点和研究角度的不同等原因，课程概念至今却没有达成能够得到人们公认的结果。在英文文献中，“课程”（curriculum）一词是从希腊文演变而来的，原意是“跑马道”（race course），引申为学业进程或教学进程，它在英文中的含义也是很不确定的。联合国教科文组织在《教育技术用语词汇》中指出“课程指在某一特定学科或层次的学习的组织”。江山野编译的《简明国际教育百科全书·课程》一书中，列举了外国学者康纳利和兰茨所归纳的 9 种不同的具有代表性的定义：

（1）课程是在学校建立的一系列具有潜力的经验，目的是训练儿童和青年以群体方式思考和行动。

（2）课程是学习者在学校的指导下所学得的全部经验。

（3）课程是学校传授给学生的，旨在使他们取得毕业、获得证书或进入职业领域的资格的教学内容和具体教材的总计划。

（4）课程是一种对教师、学生、学科和环境等教材组成部分的范围的方法论的探究。

（5）课程是学校的生活和计划，一种指导生活的事业，是构成一代又一代人生活的生机勃勃的生活流。

（6）课程是一种学习计划。

（7）课程是通过有组织地重建知识和经验而得到系统阐述的有计划、有指导的学习经验和预期的学习结果，在学校的帮助下，推动学习者个人的社会能力不断地、有目的地向前发展。

（8）课程必须基本上由 5 种大范围的学科学习组成，它们是：①掌握母语。系统地学习语法、文学和写作；②数学；③科学；④历史；⑤外国语。

（9）课程被看作是有关人类经验的范畴，而不是结论的可能思维模式的不断扩大的范畴。

在我国教育学中，一般认为课程就是有计划的、系统的教学内容，是一系列教学科目的集合。具体讲，就是指“教学计划”“教学大纲”和“教科书”所规定的和表述的那些教学内容。李秉德教授认为：课程就是课堂教学、课外学习以及自学活动的内容纲要和目标体系，是教学和学生各种学习活动的总体规划及其过程。

（二）体育课程概念的基本理解

体育课程是学校课程的组成部分，是课程的下位概念之一。目前，我国体育课程的概念也存在多种定义，[①] 如“体育课程是以发展学生体能增进学生身心健康为主的一种特殊的教育性课程。它与德育课程、智育课程、美育课程、劳动教育课程相配合，共同促进学生身心全面发展，是整个学校教育的一个方面的课程”。“体育课程是指为实现学校体育目标而规定的体育内容及其结构、程度和进程。它包括体育课程目标、体育课程内容、体育课时分配、课外体育锻炼等。体育课程不是一门学科课程，而是全面发展教育的一个方面的课程。”“体育课程是指在学校指导下，为了使学生能在身体、运动认知、运动技能、情感和社会方面和谐发展的，由计划、有组织的活动。”

综合上述体育课程的概念，可以发现：首先，体育课程是学校教育中一门具有综合教育功能的课程，是实施素质教育的重要组成部分；其次，体育课程是通过学生的身体运动来实现的独特的教育方式，使学生在身体练习和身体直接感受中提高体能，发展心理品质；第三，体育课程是以其他相关学科为基础，以身体运动原理为主要传授内容的科目，在提高学生运动能力的同时还应培养其对运动原理的掌握；第四，体育课程实现课程目标的形式不仅是体育课，还包括学校其他有计划、有组织的体育活动，其形式是依托于体育课堂教学。延伸至丰富多彩的课余体育活动。鉴于此，我们将体育课程界定为：体育课程是以相关学科为基础，以身体运动原理、保健知识为内容，以学生直接身体运动为形式，开展有计划、有组织的课内外活动，从而实现提高人体机能、发展心理健康目标的学校教育科目。

二、体育课程的本质、特点、功能与价值

价值论是建立在认识论的基础之上的。认识论是人们对客观对象的真伪的事实的反映，解决“是什么”的问题。价值论则是要说明主客观之间的意义关系，解决“应如何”的问题。“应如何”建立在“是什么”的科学认识的基础上。因此，要搞清楚体育课程的价值取向问题，首先要弄清楚什么是课程，什么是体育课程，体育课程的本质与特点是什么，体育课程有哪些功能，体育课程对个人与社会有哪些价值。只有把这些基本的问题弄清楚了，在此基础上才能进一步探讨体育课程的价值取向问题。

（一）体育课程的本质

要弄清楚体育课程是什么，首先要弄清楚课程是什么。“课程”在教育领域

① 陶克祥．体育课程文化发展论［M］．北京：北京体育大学出版社，2014.

中意指学习的进程、学习的路线。而关于课程的具体的定义，国内外的学者给出了各自的界定，主要可以分为以下三类：

1. 课程即知识

这是使用最为普遍的一种课程定义。斯宾塞提出“什么知识最有价值?”，就有将课程看作知识的倾向。持这种观点的人是用数学、科学、英语、历史等学科的内容组成来定义课程，认识课程就是各种知识的集合，课程的任务就是传授知识。这种课程定义把课程内容与课程过程割裂开来，并片面强调内容，而且把课程内容仅限于源自文化遗产的学科知识，其最大缺陷是把课程视为外在于学习者的静态的东西，对学习者的经验重视不够。

2. 课程即经验

这种观点是在对前一种观点进行批判的基础上形成的。杜威认为，惟有学习经验才是学生实际意识到的课程。把课程定义为学习经验，是试图把握学生实际学到些什么。因为经验是在学生对所从事的学习活动的反思中形成的，课程是指学生体验到的意义，而不是要再现事实或要演示行为。

3. 课程即活动

这是一种新的观点。这种观点认为，如果将课程看作为知识，教师操作起来容易一些，但又容易导致以教材为主，“见物不见人”；而将课程视作为经验，有利于解决“教育中无儿童”的现象，但教师却不知如何操作。因此，这种观点提出，改变传统的二元对立的观点，要么将课程视为客观的教材内容，要么将课程看作主观的经验，或者从两者的结合处——活动，来看待课程。

以上三类课程定义中，有人认为课程是理论及书本知识；有的强调课程应包括全部学习的经验；有的则把课程看作为活动。课程不仅仅是各种科目静态的集合，而且应该包括动态的学习过程，因此它包括了学科和活动；课程也不只是教学内容，还有对内容的安排和实施，因此它包括了课程设计与课程实施。课程理论的发展使人们对课程产生了不同的理解，但是，对于课程是静态的课程设计与动态的课程实施相结合却成了人们的共识。

国内的一些学者对以上这些观点进行了汇总分析，给出了自己的定义。廖哲勋给课程的定义做出如下界定：“课程是在一定学校的培养目标指引下，有具体的育人目标、学习内容及学习活动方式组成的，具有多层组织结构和育人计划性能、育人信息载体性能的，用以指导学校教育、教学活动的育人方案，是学校教育活动的一个组成部分”。潘绍伟在其主编的《学校体育学》中也只对课程做出定义，而未对体育课程做出定义，他提出：“课程是指在学校指导下，目的在于促进学生全面发展的，具有教育性的活动和经验。这种相互适应的结构化教育活动的方案及其实施过程就是课程”。关于体育课程，尚未有学者给出明确的定义。但综合并借鉴以上研究成果可以认为，体育课程就是为了实现学校体育目标和学生自主发展目标，所选择的体育内容及其实施方案与实施过程。

（二）体育课程的特点

体育是学校教育的一个重要方面，即发展身体、增强体质是学校教育的一个重要方面，也是重要目标。同时，体育也是学校教育的一门课程，体育课程是以运动技能与健康知识传授学习为主要内容的一门课程。体育课程的主要手段和形式是承载一定负荷的身体练习，而且这种身体练习是具备一定技术含量并带有创造性和审美性的体育运动，因此“技艺性”是体育课程的主要特性，是体育课程之所以称之为课程的基本前提与条件。同时，体育课程也具备一定的科学性，即体育课程的计划与实施必须遵循人体运动的生理生化等自然规律。体育课程对人的情感、意志也能起到良好的促进作用，具有人文关怀的意味，具备了人文性，因此，其“科学性”和“人文性”是兼备的。体育课程是一门以“技艺性”为主，兼具“科学性”和“灵活性”的学科。

1. 技艺性

体育课程的主要内容是各种运动技能，这就决定了体育课程具有一定的技艺性。有些运动技能，如篮球和足球中的投篮（射门）和传球是追求的是投（射）得更准、踢得更远，那么这些技能的学习就要注意动作的合理性和准确性。有些运动技能是为了表现动作的难度和展现身体的美感，如艺术体操、体育舞蹈等，那么这些运动技能的学习就不仅仅是追求动作的准确性，而是追求动作的难度、创造性和个性化、展现与众不同的美感。因此，体育课程与其他文化课程最大的不同之处就在于其具有一定技艺性。

2. 科学性

体育课程的一个重要目标就是追求健康，古人云“流水不腐，户枢不蠹”，适宜运动有益健康，要想增进健康（尤其是身体健康），必须进行一定的身体活动，承担一定的负荷。机体承受了一定的负荷，就会产生相应的生物性应激反应，从而促进机体保持健康。体育课程的主要表现形式为一定负荷的身体运动，但选择什么运动项目、采用多大的负荷、怎样施加负荷最为合理，这其中就含有科学的成分，这也正是体育课程的科学性所在。运动训练过程也是表现为一定负荷的身体运动，但它与体育课程有着明显的不同，体育课程以健康为目的，运动训练是以竞技、以夺标取胜为目的，其运动的形式和负荷的大小方式截然不同，不能将二者混为一谈。

3. 人文性

体育课程除了具备特殊的技艺性、一定的科学性之外，还具有明显的人文性。所谓人文就是作用于人，以“文”化“人”，对人的主观世界，包括心理、情感、意志和思想等方面产生潜移默化的作用。

体育课程的主要内容是各种体育活动，根据身心一元论思想，人的身体与心理是一体的，身体的活动必然会带来心理和情感的变化。体育课程主要表现为各种形式的身体活动，因此必然会对学生的心理、情感与意志等主观方面产生影响。而且，由于体育课程是以身体活动为主要形式，学生在学习过程中会产生直接而强烈的体验，这是其他文化类课程所无法比拟的。同时，情意的发展必须要有良好的环境与氛围，人的主观世界才能在体验中得以培养，在冲突中得到升华。体育课程特殊而开放的课程形式，营造了有利的学习环境与氛围，有利于学生之间以及学生与教师之间的平等互动与交流。因此，体育课程在学生心理的发展、情感的孕育以及意志品质的培养等方面具有特殊的功效，起到良好的促进作用。

通过身体活动可以宣泄不良情绪、缓解压力，起到调节情绪的作用；而且，很多体育运动都带有一定的趣味性和挑战性，可以给人带来快乐、使人心情舒畅，也可以使人感受到成功或胜利的喜悦，使人激情澎湃、豪情万丈，给人以强烈的情感体验；体育运动中展现出来的力量、速度、柔韧以及健美的体魄，还有巧夺天工的技术动作与精美绝伦的战术配合，也可以给人带来美的享受，这些也是其他文化类课程无法实现的。

在体育课程实施的过程中，课堂情景以及师生之间的互动方式，师生之间、学生之间的人际交往较其他课程更为复杂，与一般文化课相比具有显著的特点：师生之间、学生之间沟通更加畅通；学生学习条件的变化多种多样；学生在课堂上扮演的角色复杂多变，这一切均是其他学科难以比拟的。这种课堂人文环境有利于学生的心理健康发展，也有利于加速个体的社会适应。

长期以来，我国的体育课程以“增强体质为主”为主要目标，强调遵循人体发展的科学规律。1999 年中共中央颁布了关于深化教育改革、全面推进素质教育的决定，将“健康第一”作为学校体育的指导思想。2000 年教育部颁布了新的体育与健康课程标准，提出坚持“健康第一”的指导思想。

2019 年中共中央国务院颁布了关于深化教育教学改革、全面提高教育质量的意见，以习近平总书记“立德树人”为宗旨，要求五育并举全面发展素质教育，突出德育实效。这不仅表明社会对学生的整体素质提出了更高的要求，而且也说明了体育的“人文性”得到了社会的广泛认识并在体育课程中得以确认。认清并发挥体育课程的独特性质，对充分发挥体育课程的功能与价值，实现全面教育改革、落实素质教育具有特殊的意义。

（三）体育课程的功能

随着社会与经济的发展进步，人们的生活在逐渐发生变化，需要也在不断地变化，体育也在逐渐地发生着变化，体育的功能不断地拓展、丰富，涉及健身、娱乐、教育、社会、经济、政治等多个方面。

体育课程的功能不等同于体育的功能，体育课程是体育这个社会现象的一个组成部分。根据体育课程的本质与特点，体育课程的功能可以分为体育课程的本体功能与体育课程的衍生功能两大类。

1. 体育课程的本体功能

体育课程的本体功能是与体育课程本身自有的、与体育学科的性质与特点直接相关的，是在学生学习体育课程的过程中对学生的身体、心理等各方面直接产生影响的那些功能。包括六个方面：①促进学生身体发育、发展体格，提高学生的体能、身体机能以及环境适应能力；②体育课程的主要内容是各种体育活动，因此体育课程必然带有娱乐性，具有使人获得快乐的功能；③促进学生掌握体育运动与健康相关的知识和技能，传承人类优秀的体育教育文化；④促进学生的非智力因素的发展，如理想、信念、世界观；需要、兴趣、动机、意志、情绪情感、性格与气质；自制力、顽强性、荣誉感、求知欲望和成就动机等的发展；⑤促进学生心理健康、培养学生健全的人格与顽强的意志品质；⑥培养学生合作精神与竞争意识，促进学生的个体社会化进程，使学生更好地融入社会，并对学生进行思想道德的培养。

2. 体育课程的衍生功能

体育课程的衍生功能与体育无直接关系但通过体育课程的教学而得以实现的那些功能，主要有以下三个方面：①通过体育课程对学生进行组织纪律性教育；②通过体育课程对学生进行思想品德教育；③通过体育课程对学生进行意识形态的完善。

当前，有一种倾向就是将体育课程功能扩大化与夸大化。如过于夸大体育课程的德育功能、意志品质培养功能、对心理健康的促进功能和爱国教育功能等。这其中有些功能是体育课程所并不具备的，有些功能被过于夸大化，体育人急于提高体育以及体育课程的社会地位。在这种心态之下，体育以及体育课程被塑造成无所不包、无所不能的教育的功能、政治的功能、经济的功能、文化的功能等。这是一种不理性的心理与行为，盲目地夸大体育课程的功能，会使体育课程身负重担而难以前行，也会使得体育课程过于浮夸而不切实际。应该理性地分析和看待体育现象以及体育课程，既不片面地看待体育以及体育课程的功能，也不盲目且一厢情愿地夸大体育以及体育课程的功能。

(四) 体育课程的价值

关于体育课程的价值可以从三种角度进行分类，一种是从个人与社会的角度将体育课程的价值分为个人价值与社会价值；另一种是从内在和外在的角度将体育课程的价值分为内在价值和外在价值；还有一种是从科学与人文的视角将体育课程的价值分为科学价值与人文价值。

1. 体育课程的个人价值

体育课程的个人价值主要有以下四个方面：

(1) 锻炼身体，增进身体健康。对于个人而言，上体育课，进行体育活动，可以锻炼身体、促进身体发育、增进身体健康、使身体保持良好的机能状态。还可以加深对健康的了解、掌握科学的健身方法、养成健康的生活方式。

(2) 促进心理健康并体验快乐。在体育课程的学习中，学生可以通过进行体育活动释放不良情绪。在体育课程中，在平等和谐的环境与氛围中，师生之间、学生之间相互交流、频繁互动，也可以让学生感受到集体的温暖，有利于彼此之间的情感交流；在体育课程的学习过程中，经历挫折、克服困难可以增强学生的抗挫折能力和调节情绪能力，有利于培养学生顽强的意志品质；在体育课程的学习中，不断地进步或获得成功，可以增强学生的自尊心和自信心，有利于学生形成乐观开朗、积极向上的生活态度。

而且，大多体育项目都具有一定的趣味性和娱乐性，欧美国家将有些体育项目称为“game”，美国职业篮球联赛（NBA 联赛）曾经有一句著名的广告语，就是众多的球星和球迷对着摄像机的镜头说“I love this game”。可见在美国，人们是将篮球、橄榄球、冰球和棒球之类的运动当作一种游戏。人都有游戏的欲望和需求，这是人类的天性，在体育活动中人们可以感到快乐，获得精神上的愉悦感。

(3) 增强社会适应能力。杜威说“学校即社会，的确，在学校里，有校长、教师、同学，还有各种规章制度，学校就像一个微缩版的社会”。在体育课程中师生之间、学生之间的频繁的交流互动，以及体育竞赛的规则、团队项目的特点，这些都可以培养学生的遵守规则，公平竞争以及团队精神、合作意识，增强其适应社会的能力。

(4) 学习掌握运动技能、体育与健康知识。通过体育课程的学习，学生还可以学习并掌握一些运动技能，获得相关体育与健康知识，这些运动技能对其未来的生活、工作都有价值。在高中和大学阶段，学生还可以根据自身的兴趣爱好，选择相应的运动项目，挖掘运动潜能、提高运动水平、提高运动欣赏能力，提高运动中的安全防范意识和能力以及在野外的基本生存能力，掌握运动损伤的救护措施，养成终身体育意识与习惯，形成健康的生活方式。

2. 体育课程的社会价值

对于国家与社会而言，在不同的国家和年代，国家需要的公民不尽相同。在战争年代，大多数国家都需要的是体格强健、纪律严明并具备一定军事技能的，可以随时响应国家召唤、报效国家、征战沙场、保家卫国的未来的国民和士兵。

但是在一些特殊时期，国家是排斥体育的，比如西方的中世纪，被称为“黑暗时代”，当时是教会占据统治地位，教会为了维护其统治地位，利用宗教禁锢人的思想，提倡禁欲，禁止一切个人欲望活动，包括体育活动，让人遵从上帝的旨意行事，其实就希望老百姓顺从教会接受其欺诈和剥削；与此类似，在中国古代，秦汉以后，统治阶级为了维护其统治，需要的是知书达理、温文尔雅的儒者，不提倡武力，推行“重文轻武”的教育理念和制度，只希望民众为其统治服务或顺从其统治，害怕老百姓孔武有力，唯恐对其统治产生威胁。

新中国成立以来，凯洛夫的教育理论传入我国，学科中心论思想占据统治地位，强调以课本为中心、以教师为中心、以课堂为中心，忽略了学生的主体需要与主体地位。在体育课程领域，时而反映为以知识技能为中心，时而又反映为以增强体质为主，总之，只是从体育学科的自身性质和特征出发考虑体育课程的功能，未能较为全面地考虑体育在促进学生身心协调发展方面的功能，也未能充分地考虑体育课程满足学生情感需求与愿望的功能。进入 21 世纪后，由于价值观的变化，体育课程的价值重心发生了转移，由学科本位转向了学生，由知识和技能的传习转向了学生的主体发展。

3. 体育课程的内在价值与外在价值

内在价值，指的是一种活动的进行能够满足活动者的内在需求。例如，吃饭能消除饥饿、满足食欲；学习能消除困惑、满足求知欲；劳动能获得成就感、满足创造欲，这分别是吃饭、学习和劳动的内在价值。体育课程的内在价值就是体育课程可以满足学生参与体育，进行体育活动的内在需求。

外在价值，是指一种活动的进行对活动者的外在需求。比如，吃饭能获得能量和营养；学习能掌握相关的知识和本领；劳动能赚得报酬与收入，则分别是吃饭、学习和劳动的外在价值。对于体育课程而言，其外在价值就是可以发展学生的身体、增强学生的体质，以及培养学生的社会适应能力，使其能更好地融入社会、服务社会等。

4. 体育课程的科学价值与人文价值

体育课程的科学价值，就是通过体育课程的教学可以促进人生理机能的增强、促进学生身体的发展，增强学生体质。这是体育课程最为人所知的价值，体育作为一门正式的课程进入到学校教育中来，主要就是因为体育运动对个人和社会的这项科学价值是发展身体、增强体质。

体育课程的人文价值，就在于体育课程可以让人通过体育运动释放紧张的情绪与压力；让学生在体育运动的过程中体会到运动的乐趣，使学生感到愉悦与快乐；给学生一个表现自己的舞台和空间，让学生自由地展现自己的才能和个性；给学生提供一个学生之间、师生之间相互交流的平台，增进相互之间的交流和沟通，让学生更好地融入社会。

过去，我们只重视体育课程的科学价值而忽视其人文价值。往往只强调体育课程发展学生身体、增强体质的功能，而忽视了体育课程满足学生运动需求、给予学生快乐体验、发展学生情感和意志、培养学生社会适应能力、促进其融入社会的功能。

三、创新教育导向课程开发

创新教育是 20 世纪末开始兴起的一种教育思潮，创新教育理念的提出，是人们对传统教育过分强调知识传授的反思和对初见端倪的知识经济的展望。创新教育一出现便引起人们的广泛关注，几乎人人知道创新教育的重要性，创新教育呼声很高，但创新教育实践的发展较为迟缓。这固然与传统教育观念、现实教育环境和教育资源制约等因素有关，但主要原因是学校没有将创新教育落实到课程上，创新教育导向课程的开发研究没有起步。

课程目标、课程内容、课程结构、课程评价是课程的四个基本要素，创新教育导向课程开发，就是要将学生的创新素质培养体现在课程的四个基本要素中，否则，“创新教育导向”就成为一句空话。

（一）课程目标的描述

在课程开发中，确定课程目标非常重要，它是教材编写、教学、评估和考试命题的依据。创新教育导向的课程目标应该是“知识与技能”“过程与方法”“情感态度与价值观”三维目标，要将对学生的创新素质（创新意识、创新思维、创新人格、创新能力）培养目标渗透到三维课程目标中，否则，学生创新素质的培养没有依据。但在制定课程标准时，如何描述创新素质课程目标，并不是一件容易的事。如果仅仅采用“增强学生的创新意识”“训练学生的创新思维”“完善学生的创新人格”“提高学生的创新能力”来描述课程目标，则不够具体，容易使创新素质培养停留在“喊口号”阶段。因此，对创新素质课程目标的描述尽量具体化。

1. 创新意识的课程目标描述

创新意识就是在一定价值观的指导下所表现出来的创新愿望、企图与动机，是人们进行创新活动的出发点和内在动力。没有创新意识，就不会有创新活动。创新意识是一种与时俱进、勇于探索、开拓进取的思想状态和精神风貌，创新意识包括创新动机、问题意识、创新兴趣和超越意识等。由于创新过程的本质就是一个复杂的学习过程，所以学习与创新是几乎可等同的。课程目标可这样描述：通过学习，激发学生的学习动机或启迪学生的问题意识，使学生的学习兴趣更浓等。

2. 创新思维的课程目标描述

学生的创新思维培养主要是通过课程的课堂教学来实现的，教师要设计一些训练学生创新思维的问题。逆向思维、发散思维、收敛思维、横向思维、纵向思维、直觉思维等，都是创新思维的表现形式。当然，一门课程不可能培养所有思维，教师应根据各课程特点，有针对性地、重点地培养，如重点培养学生发散思维，重点培养学生的直觉思维等。目标确定以后，就要将目标落实到课程的教学内容、教学方法及课程考核中。

3. 创新人格的课程目标描述

具有创新人格的人，已将创新作为自身的一种特质，必然视创新为人生的第一快乐，创新将成为人的积极的自觉行动。具有创新人格的人，通常具有远大的理想、坚定的信念、高尚的道德、坚强的意志、顽强的毅力、丰富的情感、稳定的情绪、献身的精神等。但学生创新人格的完善，是一个渐进的累积过程，通过一门课程的学习一蹴而就地形成学生的创新人格，这是不现实的。然而，理想、信念、道德、意志、情感、情绪教育应该渗透到每一门课程中去，在课程目标描述中应有所体现。思政类课程可着重于理想、信念、责任感、使命感、事业心教育；人文类课程着重于道德、情感、情绪培养；理工类课程可着重于意志、毅力和探索精神培养。

4. 创新能力的课程目标描述

创新能力是一种综合能力，创新的过程就是学习的过程，所以，学习能力是最主要的创新能力。通过一门课程的学习，若学生的自主学习、合作学习、探究学习能力提高了，学生的创新能力也就间接地提高了。观察力、注意力、想象力、创造力都是创新能力的表现形式，教师应根据各课程特点，有选择地培养，如重点培养学生观察力等。对于高等教育，还应该描述在专业技术应用方面学生应达到的创新能力，可采用“设计”“改造”“改进”“移植”“提高”等创新性动词进行描述。

通过一门课程的学习，不可能使学生的创新素质全面提高，只要在某一方面有一个微小的提高即可，因为各门课程累积起来，就是一个大提高。所以，创新素质培养目标的描述不可能面面俱到，在创新意识、创新思维、创新人格、创新能力四维素质中，突出重点即可，多维更佳。关键是在课程实施中将学生的创新素质培养落实到位。

（二）课程内容

课程内容一般指特定形态课程中学生需要学习的事实、概念、原理、技能、策略、方法、态度及价值观念等。学科中的课程内容往往以课程标准的形式规定下来，具有法定的地位，因而是相对稳定、不能轻易改变的。创新教育导向的课程内容应该是开放性内容，通常具有下列特征：经典与前沿结合、理论与实践结合、简单与复杂结合、本学科与跨学科结合、传统与现代结合、经典与探索结合、自然与人文结合。

1. 理论与实践结合

国外做过这样的实验，给学生一篇教材，学生仅经过阅读，能记住所学知识的10%；由教师认真讲解，学生能记住20%；让学生在看一遍教材后，再口述内容，学生能记住30%；如果让学生边看边讲解原理，学生能记住50%；若教师能组织学生讨论教材内容并由学生将心得向大家展示，学生能记住70%；若由学生看过教材，再动手做一做，最后将劳动成果向大家展示，则学生能记住90%。此实验说明理论与实践紧密联系的重要性。

2. 简单与复杂结合

简单和复杂是对立统一的矛盾体，相辅相成，缺一不可。简学，是复杂的基础，复杂是简单的发展。作为一名教师，既要“复杂问题简单化”，又要“简单问题复杂化”，这是一个需要智慧的思考过程。前者是善于总结、归纳和分类，将深奥、抽象、难懂的理论简单化，将一团乱麻的知识梳理清晰；后者是善于发散思考、深入思考。

3. 本学科与跨学科结合

跨学科研究是近来科学方法讨论的热点之一，近年来一大批使用跨学科方法或从事跨学科研究与合作的科学家陆续获得诺贝尔奖，科学在20世纪以来的每个重要发展趋势是与技术的融合以及科学、技术与社会的相互渗透，这使科学更加变成了一项社会综合事业和工程，乃至不通过跨学科研究的方式，就不会有真正的科学突破。

4. 历史与现代结合

人类的智慧从哪来？从历史中来。人类之所以区别于其他的动物成为地球的主宰，在于人类知道自己的历史，善于在历史中学习知识；善于归纳历史的规律；善于在历史中积淀；善于利用历史。2008 年北京奥运会的开幕式表演，就是历史与现代结合的典范，给人的印象非常深刻、鲜明。

5. 经典与探索结合

经典知识是指具有典范性、权威性、经久不衰的已知知识。一位英籍华人博士在某大学听一位教授用两节课讲了一个很重要的概念章节。课后，博士说："老师讲得十分清楚、细致，但是在英国我们只用 20 分钟就讲完了"，讲得如此详细，学生课后怎么思考，将经典知识与探索联系起来，就是要构建"知识空缺"，保持"问题"状态，让学生带着问题走进课堂，带着更多问题走出课堂。

6. 科学与哲学结合

将科学知识与哲学思辨联系起来，有助于培养学生敏锐的观察力和深刻的理解力，有助于培养学生的抽象思维、创新思维的能力。纵观人类文明史，哲学与科学有着特殊密切的关系，科学产生知识；哲学产生思想。爱因斯坦说过："哲学可以被认为是全部科学研究之母"。

7. 自然与人文结合

现代社会发展所提出的课题，都是综合性的，要求把自然科学技术、社会人文当成一个完整系统加以研究，以解决诸如人口、能源、环境、经济等庞大复杂的问题。社会科学"自然化"、自然科学"社会化"正以不同的速度发展着，迈开了联合的步伐，出现了相互渗透的一体化趋势。

（三）课程结构

创新教育导向课程的结构，应该是便于学生自主学习、合作学习及探索性学习。为了便于学生自主学习，教师要给学生布置学习任务（项目），课程结构应该由若干个学习任务（项目）组成。为了便于学生合作学习，课程内容又必须是综合性、开放性的学习任务（项目），学生一个人难以完成，必须通过小组合作学习才能完成。为了便于学生探索性学习，课程内容既有单一、简单、传统、经典、本学科的课程内容，也有综合、复杂、现代、前沿、跨学科、需要学生探究的课程内容。

综上所述，创新教育导向的课程结构见图 1-1。即课程由若干个教学任务（项目）组成，每个教学任务（项目）为理论与实践的有机结合，各个教学任务（项目）的难度逐渐增加，即由单一到综合，由简单到复杂、由传统到现代、由经典到前沿，由本学科到跨学科进行设计。

项目课程由若干个学习项目组成，有单项项目和综合项目、封闭性项目和开放性项目、模拟项目和真实项目。项目课程适合于学生自主学习、合作学习及探究学习。在项目课程教学中，从完成项目工作的实战出发，教师既是项目经理又是客户。说教师是项目经理，是因为教师是扮演项目监管角色，学生是员工，学生在教师的引导下完成工作项目，从而将被动学习变为主动学习；说教师是客户，是因为在商界，客户就是上帝，学生对于教师（客户）给定的项目及提出来的要求，必须无条件接受，并努力去完成。项目课程已获得教育行政部门与职业院校的普遍认可，也获得许多本科院校的认可，具有学生主体性、探索性、开放性、民主性、实践性等创新教育导向课程特征。

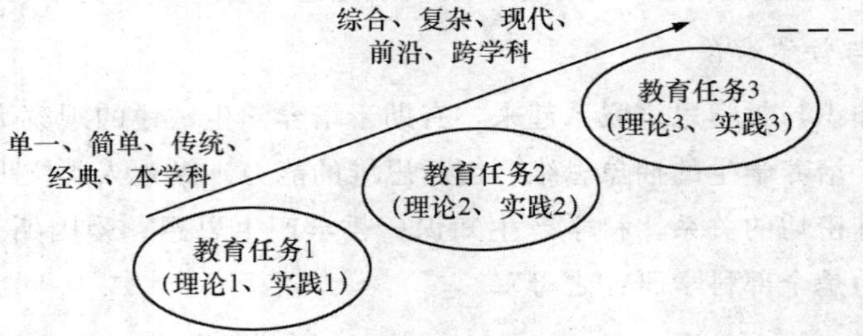

图 1-1　创新教育导向的课程结构

（四）课程评价

创新教育导向课程的评价应注重以下两点：

第一，“以学评教”传统的课堂教学质量评价主要是评价教师的“教”，即教师教学基本功好不好？教师讲课条理是否清楚？重点是否突出？难点是否分解？至于学生学得如何没有评价。创新教育导向课程的课堂教学要真正体现以学生为主体，以学生发展为本，就必须对传统的课堂教学质量评价，重视知识以外的综合素质的发展，尤其是创新、探究、合作与实践等能力的发展，以适应人才发展多样化的需求。

第二，创新教育导向的项目课程虽然起源于职业教育，却早已不是职业教育的专利，而成为一种有着深厚理论基础的课程模式，并被广泛地应用到各种类型的教育中，如职业教育、幼儿教育、高等教育。

项目课程是最具创新教育导向的课程之一，它彻底打破了以学科课程为主体的三段式课程模式，建立起富有职业特色，能有效地培养学生综合职业能力及创新能力的课程模式，已获得了教育行政部门与职业院校的普遍认可，也获得许多本科院校的认可，课程开发与实施已如火如荼地展开。项目课程适合于学生自主学习、合作学习及探究学习，具有学生主体性、探索性、开放性、民主性、实践性等创新教育导向课程特征。

四、体育创新教育的课程体系

（一）体育创新教育课程体系的特征

体育创新教育的课程体系的设计，应使体育课程体系具有整合化的特征，也就是具有一定的指向性、综合性和多样性。体育课程先天的活动性特征，这里不再强调。

1. 指向性特征

指向性是指课程设计要针对体育创新教育的培养目标，使体育创新教育在规定的时间内达到预期结果。为此，课程设计要以总目标为信息基点，逐层分解，逐步转化为单元目标和课时目标，从而保证总体目标在教育教学微观领域和微观过程中操作实施，并通过整合使体育课程的实施过程成为指向明确、功能突出、连续不断的完整时间序列。也就是说，体育课程的创新教育指向性充分表现在课程目标、课程内容和课程方式的协调一致上。

2. 综合性、多样性特征

体育创新教育课程的综合性、多样性特征必然要求其组织方式具有多样性。它可以是专题讲座、报告式的微型课程，也可以是专门性的创新原理、创新技法的训练课程等多种形式。体育创新活动课程的安排，可以采用与传统的活动方式有机结合的多种活动方式，也可以与其他类型的活动进行一体化设计，如在集体性的体育活动中结合创新意识的教育；在体育竞赛活动中结合创新个性品质养成的教育；结合学校的发明、创造活动设立体育创新奖；组织科技体育节，参观职业球队的管理、训练和保障等。

体育创新教育课程体系的设计，实际上是从体育教育目标出发将课程方式与课程内容有机整合并优化。例如，在高等体育中专业教育阶段，为了加入创新精神和创新能力的培养，在各科目教学渗透的基础上，也可以尝试专设创新教育类课程，这类课程是与传统学科平行或并列的课程。如目前一些学校开设的“学创造”“创造性思维训练”等课程，一些高校开设“创造学基础”“创造工程学”等课程。这种专设创新类课程也应该系统设计，以便全面、完整地体现创新教育的目标。尤其是在广泛开设选修课的高等体育院校，创新教育应该有自己的课程体系，以突出创新人才培养的重要地位。尽管已经有人呼吁在高等体育专业开设“创造原理”课程，以有利于创新人才的培养，但目前高等体育专业课程设置还鲜有实践。本书对体育专业学生创新教育系列课程进行了初步设计（表 1-3）。

表 1-3　体育类创新教育课程体系

1		2			3	
发展一般创造力		发展专业创造力			发展个性品质课程	
创造学基础	信息情报学	体育学科历史与可持续发展	体育创新学	体育创新设计	创造性人才学	创造性心理学

（二）体育创新教育课程方案设计

体育课程改革既要适应社会发展需求，也是每个个体充分发展自身的内在需求。体育课程的重要作用是赋予学生发掘潜力、发挥才能、把握机遇所需要的身体、心理和适应社会能力，培养学生的创新精神和创新能力。

体育课程改革与发展必须是可持续发展的。体育课程和教学不仅要使学生增进知识、掌握技能，更在于通过学校的体育课程教学过程提高体育学习能力，为终身体育打下基础。学习能力提高也就是学生学会学习，但是学会学习不等于学会创造，学会学习是在强调基础知识和基本技能基础上的方法论的延伸。

体育创新教育课程改革必然涉及对体育知识价值的认识。体育知识可以广泛定义为在体育领域解决问题和创造的能力。体育课程教学的使命是使每个学生发展自己的体育才能和创新潜能，所以体育创新教育课程设计的重点是发展基础知识和综合运用知识解决问题及创新发展的精神与能力。体育创新教育课程设计的原理是：以学生发展为本，在提高体育学习能力的基础上，以创新精神与创新能力的培养为核心。

马克思关于人类全面发展学说和教育科学的最新成果以及人本主义教育的思想认为：①具有正常智力的学生都有创新潜能，但是只有通过教育培养才能得以现实开发；②体育学科为学生提供了独有的、开阔的学习和活动环境，以及充分的观察、思维、操作、实践的表现机会，对于促进学生创新精神的培养和实践能力的开发提高，具有其他学科所无法比拟的优势；③体育课程和教学过程，具有开发学生创新能力的功能，前提是有意识、自觉地培养学生创新精神和创新能力；④在体育课程教学中加强学生创新精神和创新能力培养，不会影响教学质量的提高和教学任务的完成，相反，会推动体育教育教学进步，有助于提高体育教育教学质量。

在上述认识指导下，依据整体、系统、综合的设计原则，我们从四个方面设计体育创新教育课程方案。

首先，是课程目标的设计。在以培养学生的身心健康为基本指导思想的前提下，我们将学生的创新的体育知识（这里知识的定义是广泛的，包括运动技能、运动参与、身体健康、心理健康、社会适应等等）体系的建立，创新能力增强（体育学科）和创新人格建立作为基本的课程目标。通过体育课程的学习，学生能获得有一定的体育知识和技能，全面发展、身心健康、社会适应能力提高，具有良好的创新意识、创新思维水平、创新能力，有助于创新人格的建立。课程基本目标确立之后是具体的目标体系设计。我们把具体的目标体系分为四个类别：核心课程与外围课程目标体系；活动课程与隐性课程目标体系；面向全部学生的课程与个别化的课程目标体系；选修课程与必修课程目标体系。

其次，是课程内容的设计。我们依据全面发展学生个性和综合能力的原则确定内容框架：①体育历史和体育文化；②体育保健理论与技能；③各种体育项目的知识与技能；④体育创新的理论与技能；⑤体育思维、意识、意志和精神。设计重点是处理好运动项目与课程设置。活动课程设置与体育创新活动两个方面的关系，突出解决选修课内容、课程在充分创新性定式，以及在深入研究各种体育项目培养创新精神和创新能力的作用和特点的基础上，根据具体的课程目标、课程内容和现实教学实践中能利用的资源确定教学目标和设计教学过程，运用合理的教学方法。其中体育创新实践活动的教学设计是难点和重点。教学设计要尊重学生个性，适应学生的不同认知方式和个性特征。实践中不断地反馈调整，抽象出体育创新性教学的基本模式、目标模式和过程模式。指导未来的创新性教学规划和设计。

第三，是评估方案的设计。上述课程和教学方案设计的反馈和改进离不开评估方案的设计。创新精神和创新能力的评价尚存在很多争论，一般采取终结性评价、过程性评价与行为评价相结合的策略，遵循定性与定量评价相结合的原则设计综合评价方案体系，把学生的态度、行为表现和体能、技能的进步幅度纳入评价范围，并让学生参与评价过程。它包括创新性成果、创新个性发展、知识技能提高程度以及体育课程教学参与程度四个核心内容。评价具有动态性特征，在不同层面有系统循环的基本机制和不断改进课程的可能。与评估方案设计相配套我们将全面质量管理引入体育课堂教学活动，培育一种新型的师生关系，确立以学生或学习为教学中心的观念，从而有利于“以学生发展为本”目标的实现及学生创新精神和创新能力的培养。

（三）体育创新教育课程实施策略

以体育创新教育的课程方案进行的总体设计最终要落实到具体的实施过程中。要在实践中实现设计意图，首先是教育理念的更新，即学生的发展不再是发展的手段或作为生产性的行动，而是发展的基本目标和基本内容。学生是体育课程教学的主人，应把课程教学看作是一种与学生个性不断成熟的发展阶段相适应的内在历程。同时也包括教育体制、教育决策部门的管理者观念的更新。其中，最主要的是教师观念的更新。这就要求要建设创新型体育教师队伍，充分利用目前的教师培养体系的资源和优势，科学、系统地规划教师的继续教育。

其次，积极开发家庭、社会、学校三个媒介资源，提高综合利用水平。未来的学校是开放性的，未来的教育是开放性的。未来的体育教育由于其独特的开放性特征正在走向社区化、网络化的发展道路。理解体育创新教育多媒介的特征，最有效地利用多媒介的各种资源就显得很有必要。

第三，注重体育创新教育课程发展的环境建设。体育创新教育课程创新离不开宏观和微观环境的建设。体育课程改革本身应形成一种不断创新的网络和非线性的发展过程，要求在科学研究、开发实验、实践推广之间反馈，更强调在不同的角色如学术机构、研究实验机构、学校和教师学生之间的交流。因此，要为体育课程改革提供一种宽松而具刺激因素，能够最有效地运作的环境。只有抓好环境的建设才能保证体育创新教育课程发展的自我环境的优化，促使内外环境的信息、资源合理的流动，使整个体育创新教育课程开发系统良性发展，具有开放性、动态的发展特征。

第四，加强校本课程研究与开发。体育课程创新是与具体体育教学密切相关的活动，是学校教育各要素的重新组合，并通过具体教学实现。学校是体育课程创新活动和收益的主体，体育课程内容的地域性特征与其他学科相比更突出。所以要加强研究与开发。这就要求体育创新课程要与学校管理改革相结合。学校管理改革趋向人文精神与科学精神的统一，体育创新教育实施要与学校内动力和机制的发展和完善相互支持、良性循环。

第五，体育课程与教学协同创新。我们应保证体育课程表现形式灵活与运行机制的灵活相统一。保证体育课程的创新应该是多向动态的。其发展的焦点不仅是从教师中心和学科中心走向学生中心，还强调以课程为中介的教与学互动为原则，实施体育课程课堂教学组织。通过教师积极引导与支持，使体育课程教学作为一个知识生成的过程和师生共同探索和经验的过程。同时，教师自身的教育观念和素养得到提高。

牢固树立“健康第一”的指导思想，面向全体学生，全面发展学生体育素质，培养学生健康的体魄以及创新精神和实践能力，这种新的基本价值取向和重要目标追求是面向21世纪体育课程教学改革和发展的正确抉择。

五、体育创新教育课程内容的创新

（一）课程内容具有新颖性、时代性特征

要在体育课程中培养学生的创新能力，需要让学生掌握最新的知识内容，了解世界体育最新的发展动态，使学生的体育知识层次和结构与世界发展先进水平趋于同步，促使学生在现有水平基础上有所突破和创新。现代体育科学技术的发展和现代体育生活中的诸多现象与事实在现有的体育教材中几乎难以出现，即使是高等教育阶段的体育专业的教育内容也是十分陈旧和滞后，严重阻碍了学生在新领域的开拓意识和能力的发挥。因此，体育创新教育课程应该在内容上与时代同步具有新颖性和时代性，要把最新的科学研究成果和科学概念及时地编进教材、引进课堂，帮助学生建立一个发展的而不是孤立静止的客观物质概念，引导他们去探索新的知识，培养他们的创新精神。当然，把所有的体育科学技术和社会中的体育文化现象编入教材，介绍给学生，是不可能实现的。这也是其他学科课程无法避免的矛盾。我们虽然可以借鉴其他学科课程的经验，但是更需要自身主动去开拓新的渠道。

（二）增加体育创新能力发展的专门知识

通过在教育内容中增加一些专门有关“体育创新能力”培养的内容，使学生能够了解体育创新能力的形成特点，从而有意识地加强这方面训练，这就是体育创新教育的有效途径。

我们需要合理地定位基础教育阶段学生一般体育创新能力的培养，不能过分拔高它的作用，尽量保证以学生切身的体育实践活动为载体。而高等体育专业领域则可以通过适当的形式向学生传授有关创新能力的专门知识，如《创造学》《创造心理学》等，另外还可以开设诸如创新发明讲座、自我设计课程及创新思维训练课程等，为学生创新能力培养提供条件以及指导。

（三）设计专门的体育创新实践活动

体育创新教育课程引进体育创新实践活动是其最突出的特征。实践是创新的基础和源泉，学生在自主性的体育活动实践中，往往具有探求事物规律的兴趣，产生具体的创新动机，并以实践为中介，使创新思维结果以物质的形式表现出来。同时，学生通过参与创新实践活动，体验创新的乐趣，进一步激发他们探索的激情。体育创新实践活动是体育课程系统新的构成因子，它的引进势必引起整个体育课程系统的结构和功能的变化。因此，体育创新教育课程中的创新实践活动需要进行优化设计。

六、体育创新实践活动课程设计

体育创新实践活动课程一般可以按下面两种类型进行设计：

（一）情景型体育创新实践

这类体育创新实践活动与活动课程中的专题活动类似，但创新教育的要求与内容要比专题活动多而复杂。这里所说的情景，是指蕴涵有创新观念、创新过程和创新成果的环境及相应的教育氛围。在这种体育创新实践活动中，着重让学生亲眼感触到体育创新的实际过程，了解体育创新活动对人才素质的基本要求，引导学生想象自己处在这种环境下怎样去革新现实中的问题。这种具有意向引导与虚拟身份特点的创新实践，与模拟实践和社会实践同样具有强化体育创新意识与培养体育创新技能的功能。开设此类情景型体育实践活动课，要有开发相对稳定和配合良好社会教育资源。

（二）模拟型体育创新实践

通过模拟生产经营或管理活动进行体育创新教育，有利学生对体育创新活动的体验与认识，加速体育创新能力与技巧的培养。这类实践可分为单项模拟与综合模拟两种。单项模拟有生产操作活动的模拟、设计创新的模拟、经营管理的模拟和社会交往活动模拟。相对而言，它的内容比较单纯，活动空间主要在校内和家庭，教师可直接或间接控制进行指导，一般采取班集体、小组的群体活动方式。全部由学生参与的实践就是一种综合模拟新产品开发的社会创新实践活动。综合模拟的特点是将生产操作、设计开发、经营管理、社会交往等实践环节结合在一起，让学生较全面地模拟和体验体育创新过程。另外，国外还有通过体育管理经营类的游戏对学生进行培养的探索，如《世界足球经理》等模拟经营类的游戏。有条件的学校，可以考虑试创办学生主持体育服务中心或体育产业创建中心，让学生在这里接受良好的体育创新实践教育。

七、体育创新教育课程发展的重点

体育创新教育的课程发展的总体趋势应该是两个字“整合”。整合也就是实现综合化发展，汲取目前诸多课程形态的精华，扬长避短，在引进外部新生变量的同时革新内部结构，实现系统优化功能，譬如研究性课程、综合课程、活动课程、校本课程、潜在课程等各种课程研究领域的先进思想观念、操作策略和实践经验，理清体育课程与它们的关系，探寻可能的结合发展空间，实现互补性的沟通。

（一）体育课程与“综合实践活动”的整合

“综合实践活动”课程是一种与各学科课程有着本质区别的新型课程领域，是我国基础教育课程体系的结构性突破。“综合实践活动”在小学至高中的课程设置中作为必修课程存在，其内容主要包括：信息技术教育、研究性学习、社区服务与社会实践以及劳动与技术教育，“综合实践活动”主题的选择范围包括学生本人、社会生活和自然世界。综合实践活动对任何主题的探究都必须体现个人、社会、自然、科学、艺术、道德的内在整合，立足于人个性的整体性，立足于每一名学生的全面健康发展。体育学科的综合特征决定了体育课程中有很多探究性的主题符合上述要求。

在新的基础教育课程体系中，综合实践活动应该与各学科领域形成一个有机的整体。综合课程更多地体现为思想和观念的综合，实质就是整合，因此要实现综合，就不能靠形式上的、拼盘式的组合，而应打破学科界限，实现与各学科领域的有机整合。在探讨体育学科领域与“综合实践活动”课程的合作空间和策略时，我们要认清它们既有相对独立性，又存在紧密联系。具体地说，体育课程与综合实践活动课程的整合可以采取以下的策略：

第一，体育学科的知识可以在综合实践活动中延伸、综合、重组与提升；

第二，综合实践活动中所发现的问题、所获得的知识技能可以在体育学科领域的教学中拓展和加深；

第三，在一些情况下，综合实践活动完全可以与体育课程教学互通进行。

（二）体育研究性学习方式的倡导

引进“研究性学习”作为体育课程与综合实践活动整合的突破口，构建研究性体育课程，实现课程的校本开发。

“研究性学习”的含义，有广义和狭义两种理解。从广义理解，它泛指学生探究问题的学习，并贯穿在各个学科各类学习活动中。从狭义理解，它是指学生在教师指导下，从自然现象、社会现象和自我生活中选择和确定研究专题，并在研究过程中主动地获取知识、应用知识、解决问题的学习活动。“研究性学习”的重要目标是在综合运用中提高各科知识的价值，同时也渗透与所有学科、所有活动之中。

体育课程引进“研究性学习”对于学生而言，有以下几个方面的价值定位：

第一，保持学生独立的、与生俱来的探究兴趣，使它不会因后天枯燥的学习而丧失；

第二，丰富学生的学习体育的体验；

第三，养成合作与共享的个性品质；

第四，增进独立思考的能力；

第五，建立开放的体育知识结构；

第六，养成尊重事实的科学态度。

体育课程引进“研究性学习”是可能的，也是必要的。体育学科的突出特点是与学生自身生活贴近程度较高，尤其是儿童，他们很早就对一些富有价值的东西产生问题和思考，学生能够在体育活动中产生深刻的体验，感悟很多的道理。同时，体育学科的综合性特点使学生在探究过程中，很容易对其他领域发生兴趣，产生新的问题和新的价值观。另外我们在体育学科领域强调“研究性学习”，并不是否定“接受性学习”，而是因为我们的体育课程过多倚重了“接受性学习”，把“接受性学习”置于中心，所以想要找回“研究性学习”在体育课程中应有的位置。

体育课程引入“研究性学习”，关键是如何科学规划和系统设计。其实，体育课即使完全上成理论课，也未必能够实现传承与创新体育文化的目标，同时使学生的创造性得到发展。实际上，体育课程中的“研究性学习”，重点是培养学生对体育文化的兴趣，不仅是参与体育运动，还要能够主动地去体验体育文化的魅力，在体育活动的参与、探究的过程中加深对体育的认识。在整个学习过程中，培养和发展学生的创新精神和创新能力。

如上所述，体育课程关注“研究性学习”主要是从学生学习方式的转变出发的，它是借鉴研究性学习课程中的价值观与经验来逐步改变学生的体育学习方式。因此我们可以认为，使学生通过研究性学习逐步形成具有个体价值的创新性体育学习方式将成为体育创新教育课程的发展需要重点关注的问题。这种创新性的体育学习方式以研究性学习为主要特征，为学生构建一种开放的学习环境，提供一个多渠道获取体育知识、并将学到的知识加以综合和应用于实践的机会。这种创新性的教学活动将充分地调动学生积极性、主动性，培养学生的创新精神和创新能力，充分开发学生的潜力。

从目前情况来看，在体育课程中普遍实施研究性学习还有一定困难。一方面由于许多体育教师的传统教学观念与教学习惯已经形成定势，在课程内容和教学条件尤其是课程教学评价体系变化不大的情况下，要实现教学行为的重大转变从而指导学生改变学习方式，需要有一个较长的过程。另一方面是因为对于大多数体育教师来说在体育课程中培养学生的探究能力和创新精神还较为陌生，如何处理好基础知识和基本技能教学与创造力培养的关系，大家尚处于漫无头绪的阶段。因此，需要积极开展体育创新教育课程引入“研究性学习”方式的理论研究和实践探索，使之有明确目标，有实施要求、实施渠道和评价标准，逐步改变教师的观念和教学方式，进而促进学生学习方式的转变。本书将引入“研究性学习”为主要特征的体育课程称之为“研究性体育课程”。

从国外的课程实践看，多媒体教学已经成为现代化信息技术背景下研究性课程与教学发展的一种新趋势，由于我国体育教育领域关于“研究性体育课程”的探索刚刚起步，结合多媒体教学的理论和实践更是无人涉及。

第二章　高校体育教学方法的创新发展

第一节　高校体育创新教学方法的理论基础

一、创新教育理念下的体育教学方法理论

（一）创新教育理念的内涵及对体育教学的要求

1. 创新教育理念的内涵

创新教育，特别是面向基础教育的创新教育，是以培养学生的创新精神和创新能力为基本的价值取向，以发掘人的创新潜能、弘扬人的主体精神、促进人的个性和谐全面发展为宗旨的教育，是素质教育的一个重要组成部分。

创新教育理念强调教育理念的创新性，是从提高创新素质、塑造创新人格、培养创新人才出发，对教育本质特性和根本规律的理性认识和判断，是对自己的教育理念的突破和创造，显现出根本性、简洁性、指导性、时代性以及系统性的鲜明特征。

创新教育不仅涉及教育的目标问题、方法的改革和内容的调整，而且要系统地对教育进行改革，即进行教育创新以实现创新教育培养学生创新素质的目的。它与传统教育有着本质的区别（表 2-1）。

表 2-1　创新教育与传统教育的对比表

项　目	传统教育	创新教育
①培养目标	培养解决精确领域问题的人才，即“知识生产者”	培养解决模糊领域问题的人才，即“生产知识者”
②强调重点	模仿和继承，对当今社会的适应力	变动和发展，注重对未来社会的应变力
③教学要求	低标准全面平推	高标准的单项突破
④获取知识	着重储存、积累信息的能力	着重提取、加一工信息的能力
⑤学习态度	波动接受的态度	积极主动的态度

续表

项　目	传统教育	创新教育
⑥学习思维	集中思维	扩散思维
⑦教学形式	提供结论性的东西，是结论性教学给学生现成的、唯一的标准答案	学习的思维过程，是过程性教学提倡探索的设想方案并进行选择和决策

大多数一线体育教师虽然对创新教育理念是什么理解不是很透彻，但倾向于把理念渗透到具体的体育课中去实施。从调查研究中发现，创新教育理念倡导的内容由低到高依次为加强教学研究，对自身教学、科研不断反思，提供开放优选、新体育教学方法，不断适应先进的教育、教学理念，为学生提、平等的教学环境，把创新教育理念融入体育课中等。从培养学生的角度出发，体育教师认为创新教育理念应体现的方面，由低到高依次为“让学生在玩中学”“调动学习积极性”“尊重学生的人格”“锻炼学生的动手能力”“培养学生的创新意识、创新思维”“培养学生的合作精神”等。

2. 创新教育理念的核心构成

创新教育作为一种教育理念，其实质在于培养人的创新素质，包含创新意识与创新精神、创新思维与创新人格、创新能力与实践能力三个维度。创新教育的核心是培养创新意识和锻炼创新能力，培养创新意识是基础，锻炼创造能力是提高。

创新意识是创新活动的内部心理倾向，表现为好奇心、求知欲、怀疑感、创新需求、思维的独立性等方面，是创新心理素质形成的前提。它包含创新思维、创新个性、批判思维、求异思维、好奇和兴趣、独立与独创、自觉与果断、自制与毅力、自信与自尊、怀疑与求真等。

创新能力是创新活动中所达到的能力水平，表现为创造性的观察能力、思维能力和实践能力。具体表现为知识储备量、知识结构，悟性思维、逻辑思维，好奇心、求知欲、动机、意识、意志，注意力、观察力、分析力等。创新意识是形成创新能力的前提，可支配和强化创新能力；创新能力反过来又能增强创新意识。

总之，培养学生创新意识、锻炼创新能力仅停留在这些教学活动中是不够的，它是一个没有终点的课题，是一个长期复杂的系统工程。只有与时俱进，时刻留意，从每节课做起，师生共同参与、共同探究，才能“开创新花，结创新果，繁殖创造之森林”。

(二) 创新教育理念对体育教学的要求

1. 对体育教师及教法的要求

1) 坚信创新的教育理念

第一，坚信每个学生都有创新的潜能。每个学生都能通过恰当的教育培养成某方面的创造性人才，后进生和优等生一样，教师需要注重的是如何培养、挖掘的问题。

第二，坚信学生的创新素质有层次和类型的差别。教师不能用一个模式对待所有的学生，针对不同情况，实施因材施教，对待学生个体给予弹性要求；尊重学生的兴趣和不同态度，引导学生发散思维，鼓励“稀奇古怪”的想法和“随心所欲”的动作创造；鼓励学生进行自主学习、对教师的教法进行质疑。

第三，坚信教育对学生的创新素质培养起决定作用。这是多年研究成果的证明，毋庸置疑。

第四，坚信学生是创新教育的主体。具备创新型的教师应多鼓励学生进行自主学习、主动学习，发挥学生的潜力和能动性，采用启发式引导、诱导学生积极思考，并不断去发现问题和解决问题，学会大胆质疑，并积极反思。

2) 实施创新的教学方法

创新的教学方法与一般的教学方法既有一致性，又有特殊性。体育教师要坚持系统的观点，根据时代发展的需要，以教育创新为理论基础，发展旨在培养学生创新素质的创新教育。

发现教学法：教师在指导学生学习时，仅给他们一些事实和思路，启发他们积极思考、独立探索，鼓励他们自己去发现并掌握原理和规律。教师设计好教学方法，提供有效的资料和条件，提问、指导和耐心等待，激发学生的学习动机和想象力，从本能上刺激学生自己积极主动地想学、想练并探索学练的方法和技巧的热情。

问题教学法：是指教师针对学生在实践、学习中遇到的困难或提出的困难，帮助他们分析，探寻解决的办法，并进行实验，寻求解决问题的方式。学生创造性地解决问题过程就是创新思维提高的过程。

开放式教学法：强调不拘泥于死记硬背，而是着眼不同结论的选择判断，注重现有知识的动态性，注重能力结构的稳定性。如发散思维，要求个体对规定的刺激产生独特的、变化的反应，如在规定时间内做出 3 种以上的传接球动作。

讨论教学法：在体育教学中，把学生分成小组，通过讨论等多种形式进行相互交流，以此达到教学目的的过程。实施时，先进行分组，可以自愿结合，也可根据内容安排分组，最好6～8人一组，教师充当主持人、关键时候的引导人，每人都有发言机会，也可以提出对他人不同意见的看法。讨论教学法最独特的是组内成员相互启发，学习过程受每个学生行为的影响。适用于一些较大的教学目标（如态度转变、技战术制定、赛前安排等）。

2. 对学生及学习方式的要求

1）树立正确的创新价值观

第一，消除创新的神秘感，要对创新有一个务实的价值观，不要一提创新就想到牛顿、爱因斯坦，其实新技术动作的练习方式、新的解决问题的方法都是创新；

第二，消除创新的自卑感，不要认为创新都是科学家做的事，人人都可以创新；

第三，抓住自己的一点点新想法、新做法或新设计，进行简短的反馈评价，促使对自己的创新行为进一步反思和探讨，明确自己的创新行为和价值；

第四，抓住身边创新的典型事例，激励自己的创新意识。学会分析具有创新能力的学生的思维和行动，善于模仿并转化。

2）掌握学习方法，改变学习方式

学会学习、掌握学习方法将成为未来孩子学习的重点。教师不再是一个“传授者”，而是“引导者”“启发者”，学生也不再是一个“接受者”，而是“辨别者”“筛选者”“思考者”。把精力集中在掌握学习方法、学习方式上，学会质疑教师的传授内容和教法，学会总结自己的不足并不断改进。真正发挥自己的能动性，积极思考和探究，而非等待教师给予答案。主动与教师交流，与同伴交流，并分享自己的“新想法”“新发明”。不断强化自己的新型学习方式，遇事多问几个“为什么”“必须这样吗”“我有没有不同的看法”等，开启智慧的大门，实施积极的思考和行动，并允许自己“犯错误”或“走弯路”，进行发散思维、求异思维，做一个提高学习能力、掌握学习方法、具有创造意识的创新型学生。

3. 体育教学方法演变及启示

体育是舶来品。体育教学是伴随着体育在学校教育中的开展而得以开展。体育教学方法一方面随着教育、教学方法的发展而发展，另一方面随着体育教学的实践而实践。①

1）清末新式学校的教学方法（1840～1911 年）

从传教士 1850 年创办的第一所教会学校“上海徐汇公学”到中国人张焕纶 1878 年创办的第一所新式学校“上海正蒙书院”，再到 19 世纪末创设的湖南时务学堂等，这些新式学校的教学内容、方法逐渐打破了私塾个别教学制度，代以团体讲授。“在教学模式上糅合中西，兼采中国的分斋教学法和西方的班级教学法。”新式学校设置的课程科目很少，致使教学方法也未定型。但当时是学习西方的办学，加上中国的传统，形成了中西杂糅。

清政府 1902 年颁布《钦定学堂章程》、1903 年颁布《奏定学堂章程》、1905 年 9 月诏停科举、12 月设立学部、奖励游学等一系列政策和措施给学校体育的发展提供了空间和必要条件，它规定各学校用统一的教科书，班级制的教学方法是讲演式，注重整齐划一的教学方法。

2）民国时期的教学方法（1912～1949 年）

民国早期，教育部于 1912 年颁布《壬子学制》、1922 年颁布《壬戌学制》，给各地中小学的兴起提供了政策支持。“基础教育机构基本建立起完备的系统，课堂教学趋向于采用西方的教学方法，以模仿和改造为特征，其中以班级教学法、设计教学法和道尔顿制教学实验的影响最大，分别集中在小学和中学。”

西方教学方法的系统引进是五四运动之后，如引进的“启发式教学法”“设计教学法”等。本土也出现了一些教学方法，如李廉方的“廉方教学法”，有两种形式：一种是授业式，即传统的、以教师为中心的延续，如示范、说明等方式；另一种是集会式，将例会活动作为正式作业，各种集会都是教学的方式。陶行知的“教学做合一”教学法是指，教学方法根据学的方法，学的方法根据做的方法。怎样做便怎样学，怎样学便怎样教，教与学都以做为中心。

新文化运动的狂飙突起，推动了教育制度的改革；欧美教育家的纷至沓来，带来了各种新异教学方法；国内教育团体的倡导鼓吹，则将教学方法付诸实施。

3）新中国成立后的教学方法（1949～1978 年）

这一时期的教学方法大致分为两个阶段。

①新中国刚成立时，中国大量学习苏联的教学理论，重视系统知识的学习，强调教师的主导权威地位。1952 年颁布《小学暂行规程（草案）》规定“以上课

---

① 依布拉衣木·艾海提．基于创新教育理念下体育教学方法理论与实践研究［J］．赤子（中旬），2013（8）：113－114.

为基本的教学形式”上课，以班级为单位的课程教学。

②20 世纪 60 到 70 年代，导致教学趋向与生产劳动相结合，大大增加现场教学比重，大搞开门办学，以干代学，此时虽然纠正了一种偏向（死板、脱离实际），但又偏向另一个极端（以劳动代替学习，把理论与实际对立）。此时的教学方法带有政治意图，以教育培养劳动者，谨防培养“四体不勤、五谷不分”的贵族子弟。

4）改革开放后的教学方法（1978 年～至今）

随着改革开放，国外先进的教育理念、教学方法涌入我国，如发现法、探究法、合作法、暗示教学法、情景教学等。1986 年《义务教育法》、1995 年《体育法》、1999 年《关于深化教育改革全面推进素质教育的决定》、2001 年《国务院关于基础教育改革与发展的决定》等一系列政策法规的颁布，新的育人观、人才观不断涌现，冲击和影响着教学方法，人们意识到教学法的改革不仅仅是方法的问题，将纳入课程体系、教材内容的整体改革中去。如江苏南通师范第二附小特级教师李吉林的“情景教学法”、邱学华的“尝试教学法”等。

90 年代后期，素质教育、创新教育、新课程等理念不断深入人心，主体性教法、活动教学、校本课程开发相配的教法、学法指导等教学方法蓬勃兴起，教学方法的“名”与“实”凸显“人文”特征，教学方法改革的时代特征也愈加明显。

教学方法的历史演变是随着历史进程、社会变迁孕育而生的。西方教育理念的传入，加上本土教学实践的呼唤致使教学方法不得不随之变化。当然，教学方法的演进不能脱离课程、教学的整体设计要求，更不能脱离阶段性的教育理念和教学实际。

体育教学方法的演变受教学方法的影响，但它具有自己独有的特征，如当时的体操、兵操、竞技运动、体育教育等，各个时代具有的特征也大相径庭。新时期倡导的素质教育、创新教育、体育新课程，这些理念和主导思想都促使了体育教学方法的不断改进，渗透教育学、心理学、生理学等多学科知识的体育教学方法更具活力。

二、体育教学方法的内涵及体系构建

（一）体育教学方法的内涵

在西方，方法（method）本意是沿着某一道路或按照某种途径，后来指达到某种目标或做事的程序或过程，表示研究和认识的途径、理论或学说。

中文“方法”一词，最早出现在春秋战国时期的《墨子·天志》中，指的是度量方形之法，后转意为知行的办法、门路、程序等，再后来，含义逐步扩大和演化成做事的手段和方法。

教学方法的内涵，众说纷纭，莫衷一是，可概括为三类：第一类，教学方法是教师向学生传授知识的策略；第二类，教学方法为达到既定的教学目标，根据教学原则，将教育内容内化为学生的知识、技能及品性而运用的方式和手段。包括教师教的方法和学生学的方法；第三类，教学方法是教师与学生之间的活动，强调互动的特征。达成的共识有：教学方法要服务于教学目的和教学任务；体现教师的教和学生的学之间的密切联系；是教学中师生双方行为动作的总和体系，具有多方面的功能。

体育教学方法到底是什么，本书从体育教师认同的内涵和理论推导两方面进行剖析。

1. 体育教师对体育教学方法概念的理解

具有代表性的体育教学方法有以下几种：①体育教学方法是在体育教学过程中教师的教法与指导学生练法的总和；②体育教学方法是在教学过程中，完成教学任务所采用的途径与手段；③体育教学方法是实现体育教学任务或目标的方式、途径、手段的总称；④体育教学方法是在一定原则下，师生互相作用，为实现教学目标，合理组织和运用场地、器材及手段的活动方式；⑤体育教学方法是在教师指导下，按照体育教学计划，有目的、有步骤地促进学生身心发展，掌握体育知识与技能、提高体育能力、贯彻思想品德的教育过程；⑥体育教学方法是为实现教学目标、完成教学任务有计划采用的教学活动。

对体育教学方法内涵的把握，总体上越来越具体，对它的特征把握也越来越准确。从对教师的调查来看，超过一半的教师认为第六种解释的比较恰当，其次是持第五种观点的。这个结果反映出一线体育教师对体育教学方法内涵的理解重在从实用的角度出发，他们对内涵的理解不会像学者一样咬文嚼字，反映了他们实用的倾向。

2. 体育教学方法概念的理论推导

本书从体育—教学方法—体育教学方法进行了理论推导（图 2-1）。

体育教学方法内涵的推导虽然不是那么严谨，但足以反映出体育教学方法的本质和特征。

	本　质	概　念
体育	体育的本质是强身健体。对学生而言是增强体质，学习技能和练习方法	体育是通过身体练习的形式，达到身心健康的教育过程
教学方法	师生共同完成教学任务的活动方式。通过具体的技术、手段体现，是传授方法和学习方法的统一体	教学方法是师生为完成教学目标、任务所实施的一系列师生相互作用的策略、方式和手段
体育教学方法	教授学生锻炼身体、学习技能的方式；指导学生学会练习的方法和手段；有针对性地实施有效的体育教学活动	为完成体育教学目标、任务，采取有效的教学策略、组织形式、具体手段的师生共同作用的教学活动措施

图 2-1　体育教学方法概念的推导图

对体育教学方法内涵的理解，一方面以一线体育教师的调查为依据（反映实用性和教师渴望达到的效果），另一方面以理论层面的逻辑推理及体育教学方法的本质特征为依据，把体育教学方法的定义为：“体育教学方法是师生为实现体育教学目标、完成体育教学任务，采用一系列教学策略、组织方式、具体手段的教学活动措施。”有突出“以教为主”的体育教学方法，也有突出“以学为主”的体育教学方法。

（二）体育教学方法的体系构建

1. 体育教学方法的层次体系

科学方法有三个层次，第一是最高层的方法，适用于所有学科；第二是中层的方法，对某类领域有共同指导规律，具有跨学科特征；第三是某个学科中特有的可操作的方法。体育教学方法也有三个层次。

第一层：教学方略（模式），实质是教师运用多种手法和手段的组合进行教学的行为方式，如发现式教学法，其中包括提问、组织讨论、启发等多种教学手法，也包括图片演示、实地测试等多种手段。它是教学方法的“上位”层次，即广义的教学方法，是传统概念中的教学方法的组合，属于教学方法的设计层面，可称为教学模式、教学方式，主要体现在单元或课的设计上。

第二层：教学方法（技术），是指教师使用某种主要的手法实施教学的行为方式。它是教学方法的“中位”层次，亦称教学技术，等同于传统界定的教学方法。主要体现在体育课中的某个教学步骤上。

第三层：教学手段（工具），是教师运用一种主要的手段进行教学的行为方式。这是教学方法的“下位”层次，也称为教学工具，是传统定义上教学方法的组成部分，它是教师运用一种主要的教学手段进行教学的行为方式。主要体现在体育课中的某个教学步骤中更具体的教学环节上。

2. 体育教学方法的类别体系

由于我国的教学方法是沿用苏联二十世纪五六十年代的划分标准，因此，我国对教学方法的分类仍未跳出这一“标尺”。原因有两方面：一个是对教学过程中教师和学生的各自地位和作用的认识；另一个是对教学任务的理解。教学任务包含传授知识、技能和发展学生智力、认知能力两方面。但是这两方面孰重孰轻，致使教学方法分类也就仁者见仁、智者见智。

本书以“体育教学活动主体及教学方法实施突出的重点”为依据，把学校常见的体育教学方法归为以下两类（见图 2-2）。

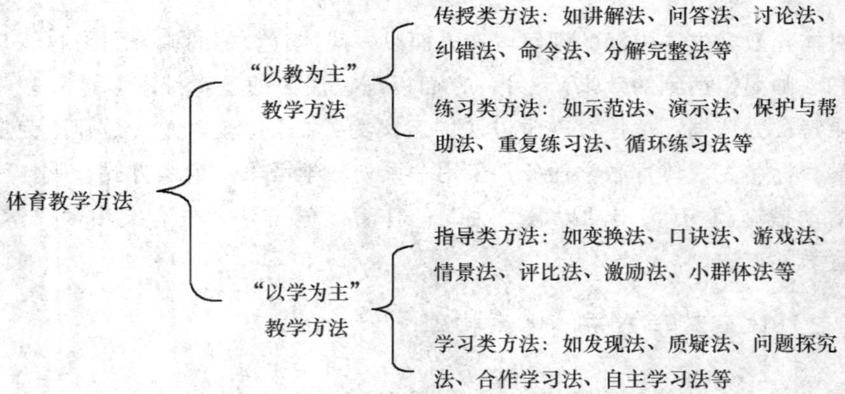

图 2-2　体育教学方法的类别图

第一类是“以教为主”的体育教学方法，如讲解法、示范法、纠错法、重复练习法等，主要突出的是教师以传授知识技能为目的，以便于自己完成教学任务、课程内容为出发点，把“教”视为知识技能的主要获取渠道，针对“传授”为核心而进行的教学方法；第二类是“以学为主”的体育教学方法，如情景法、发现法、探究法、小群体法等，主要突出的是如何让学生更好获得知识，出发点是学生，按照学生的需要而设计实施的教学方法。

两类体育教学方法的区别：

“以教为主”的体育教学方法基本上类似于我们所说的传统体育教学方法、常规体育教学方法，主要突出的是教师按照“教”的意愿进行教学，很少考虑学生的感受和接受能力，重点是把知识、技能传授给学生。

“以学为主”的体育教学方法以发展学生能力为主要目的，以学生的发现、探究、合作等为主要形式，在教师指导下自主或合作完成教学任务、发展能力的一种教学法。重点对学生发现问题、解决问题能力的培养，学会学生学习或练习的方法，关注学生的感受和体验。这类方法既含有理念，又含有具体手段和技术。

3. 教学方法与教学法的关系

一般来说，教学法既包括教学方法和教学原理，又包括教法、学法及组织法。教学原理包含教师的教授原理、组织原理和学生的学习原理。教学方法涵盖教授方法、组织方法和学习方法。

第二节　高校体育创新教学方法的选用与实施

一、体育教学方法的设计理念与选用实施

（一）体育教学方法设计理念

1. 体育教学方法设计的原则

其一，讲究健身性。体育的本质就是增强体质，体育课更是以增强学生体质健康为主要目标，这是永恒的主题，离开这个最主要的目标，体育教学方法设计就偏离了主题。

其二，提倡多样性。教学内容丰富多彩，教学方法形式多样，组织方式千变万化这些都需要体育教师在设计体育教学方法时，增加选修课程、挖掘乡土教材，组织教学方法、手段多样性，为提高学生的练习效果服务。

其三，注重选择性。设计体育教学方法离不开教学内容的选择、难度的安排、实现目标的多途径性，体育教学方法多种多样，选择适合自身教学能力、学生基础、现实设备条件的教学方法才能起到好的教学效果。

其四，增加趣味性。体育课的枯燥由来已久，再加上体育教学方法老套、单

调，学生对体育课反感有加，增加体育教学方法的趣味性，不但对教学效果起到促进作用，而且对学生对待体育课的态度也有着重要影响。

2. 体育教学方法设计的出发点

体育教学方法的设计对提高教学效果、组织体育课堂、落实体育教学方法等方面起到重要作用。

根据资料显示，大部分体育教师在设计体育教学方法时都能从学生或学法的角度出发，针对学生的不同基础、技能水平、接受能力、愿意所学内容等方面来设计合理的体育教学方法，这为在课堂上组织好学生练习、提高教学效率至关重要。如果没有事先的设计，再好的体育教学方法也难以实施。

3. 体育教学方法设计的要求

体育教学方法设计有哪些要求，不同教师有不同的看法。

体育教师对体育教学方法设计有六点要求：①从教法和学法的有机结合出发，综合运用教学方法，谋求教学整体效益；②突出相应的教材特点，与教学模式相协调，多角度实施教学方法；③引导学生发现运动的原理，使其掌握创造性解决问题的方法；④针对学生的体育需求，通过一系列教学策略，激发其体育学习的内发性动机；⑤增强体育学习的自信心，培养善于与人交往合作的能力；⑥培养学生的集体意识、团队精神、公正、乐于助人等良好的社会行为规范。这些要求强调的重点差别不大，基本上都从培养学生的角度出发，针对教学原理、教学模式、学生需求等方面进行考虑。这充分体现了体育教师对待体育教学方法设计的理念符合创新教育理念的主导思想，认识层面达到新时期体育课程改革的要求。

4. 体育教学方法设计的理念

第一，牢记创新教育思想的理念。现代倡导的素质教育、创新教育不再是以传授知识为主要目标，相比较而言，提高学生的能力更为重要。无论是素质教育，还是新课程都对创新教育宠爱有加，不但对传统教学模式、教学内容进行创新，还要设计出创新的教学方法以此激励学生锻炼的兴趣、推动素质教育的落实、实施有针对性的教学方法改革。

第二，明确教师角色转变的意图。体育教学方法的设计带有主观性，体育教师自身角色的定位、转变至引导学生学习方式改革的主导。不断扮演新型角色，从一个“教书匠”“传授者”“师道尊严的长者”转变为学生学习的“促进者”“合作者”“引导者”。

第三，升华教学技能的艺术品位。教学方法本身具有艺术性，不同教师使用同样的方法会出现不同的效果，这下是教学技能的艺术性。体育教师不能对传统教学方法守缺抱残，使不能对现代教学方法画蛇添足，我们需要的是把这两者结合起来，不断提高教学技能的艺术品位，引导学生喜欢练习、自觉锻炼、心甘情愿地跟教师学。

第四，搭建展示学生自我的平台。体育教学方法的实施需要以学生为主体，主体性发挥得好，教学方法就能实施的好。体育教师应该多给学生提供展示的机会和平台，培养创新意识，锻炼创新能力，让每个学生体验成功，感受愉悦的快感，以此来帮助学生树立自信、激发斗志，形成自主学习的动力。

(二) 体育教学方法选用依据

体育教学方法的选择不能随心所欲，不同体育教师选择体育教学方法的依据也各不相同。即便是同一个教师在不同时期、不同教学阶段也会有所不同。下面列举选择体育教学方法的基本依据：

①教学时间的限制和制约；

②各个体育教学方法本身的特点、功能、发挥的效能；

③体育教师的能力和自身习惯；

④基本的体育课堂设施、器材充裕程度；

⑤体育教学内容安排、要求；

⑥体育教学目标、任务；

⑦学生的体育技术、技能基础、身体素质水平。

体育教师在选择体育教学方法时，更多考虑的不是自己，也不是教学内容，而是学生，考虑学生的体育基础、身体素质水平。可以说这是体育教师在实施素质教育、体育新课程以来最大的转变，不再是从自我出发，而是从教授对象入手，真正把学生放在第一位。也正是如此，创新教育理念才能落实，教育创新才能实现。

(三) 体育教学方法的使用

1. 体育教师常用的教学方法

体育教学方法多种多样，下面列举了一些教学方法：

①讲解法、示范法；

②纠正错误法、帮助法；

③分解法、完整法；

④比赛法、游戏法；

⑤情景法；

⑥自主法、合作法；

⑦暗示法、念动法；

⑧启发教学法；

⑨问题探究法；

⑩小群体法。

自上而下看，上面的基本上是一些常规的教学方法，这些方法可以说大部分教师每节课都用，并且还反复的用；而下面的一些体育教学方法就显得有些陌生，不排除有些体育教师在无形中使用。如探究法，虽然体育教师不会像书本中的描述严格操作，但在提问、引导学生启发思维等个别环节中经常使用。

总体自上而下，也就是常规教学方法到新式教学方法的顺序，体育教师由一直用、经常用的频率逐渐减少，而偶尔用、不常用的频率逐渐增加。说明了体育教师借鉴先进教学方法、实施新式教法还尚未完善，这也正是需要加强的。

2. 体育教师指导法的使用

众所周知，要想激发学生的创新意识、锻炼其创新能力，只靠体育教师的讲解、示范是不够的，还必须积极地指导学生学会学习、自主学习，留给学生自由发挥的空间和独立思考的机会，不断引导、诱导学生的创新意识。这些对培养学生的创新意识和锻炼创新能力都有很大的帮助。大部分体育教师都明白大道理，认为不做过多统一要求、给学生留思维的机会、引导质疑等对培养学生创新能力而言十分必要，对待这些问题的态度和评价比较一致，但具体实施起来可能存在偏差。

3. 体育教师对现代教学技术手段的认识

现代教学技术手段，如幻灯片、投影仪、录像机、多媒体计算机、网络等，它是丰富教学内容、提高体育教学质量的有力保证。当今知识丰富、信息畅通、体育课也需要不断应用现代教学技术手段来丰富和补充。

现代教学技术手段对培养学生学练的兴趣和积极性、促进学生掌握学习方法、拓展课外信息、启发学生积极思维、提高教学效率等作用明显，得到一线体育教师的认可。然而，他们虽然认识到了，但实际条件可能不允许他们使用，即便允许，他们也不会主动积极的应用。现代教学技术手段对提高教学、学习效率，激发学生创新意识，锻炼创新能力的作用毋庸置疑，只是我们要尽量为现代教学技术手段应用到现代教学中创造条件。

二、体育教学方法的影响因素与改进建议

（一）体育教学方法影响因素

体育教学方法的影响因素很多，有笼统的（教学思想、教育观念），也有具体的（方法本身特点、器材设备等）。总体来看，教学目标、教学任务、教学思想观念等属于指导思想的因素，以及教师的水平、场地器材设备等因素对体育教学方法影响较大，是影响体育教学方法的主要因素。相比而言，传统教学习惯的影响、教材的性质等因素排在后面。不难想到，从心理和认识层面，体育教师在教学中不仅能体现出真正意义的指导思想，也能脚踏实地的认真落实。

（二）学生对体育教学方法的意见

体育教师教学方法的实施效果到底如何，学生最能反映真实情况。学生对体育教师教学方法的意见较多，大约有一半的学生认为教师教授的内容枯燥，不能激起学习兴趣和锻炼的积极性，认为教法单一、老一套，变化不够，现代技术手段应用少、过多的身体素质训练、与学生交流不够等，也是引起学生对教学方法不满的原因。

1．体育教师的改进建议

第一，从学生发展的角度考虑，教学方法应多从兴趣入手，调动学生的积极性，多选择一些以学生发展为主的方法，组织形式应灵活多样，注重发挥学生的特长，让学生多体验体育的乐趣；第二，从自身的角度考虑，提高自己的素养，加强教学艺术培训，不断总结和反思自己的教学，从中吸取经验；第三，从教学方法角度出发，多创编一些练习手段，设计方法要恰到好处；第四，从教学条件和环境出发，体育教学方法的运用应遵循实际，把教学方法作为实现教学目标的有效手段和途径；第五，其他角度，如理论联系实际，弱化应试教育，重视体育课等都是不错的建议。

2．学生的改进建议

第一，从教师的角度考虑，反映最突出的是希望教师能与学生多交流、打成一片，其次是区别对待、多鼓励学生；第二，从学生感受的角度出发，建议教师多创建一些宽松、自由的课堂环境，让学生在轻松的氛围中学习；第三，从教师教学方法的角度考虑，多些变化，不可过于死板枯燥，多实施些实用的技能，如

急救措施，安全小常识等；第四，就上课的形式和内容而言，教师应多激发学生的情绪，多创编一些游戏，新颖的形式等。第五，从教学条件和环境来看，增加练习时间，改善设施设备，男女分班上课等。

（三）体育教学方法创新的视角与实例

1. 从教学要素整体着眼，合理编排体育教学方法

教师怎样根据并运用课程教材来使学生学习，从而达成教学的目的？这就必须依靠一系列方法。所以方法是教学活动的一个重要因素，它包括教师在课内和课外所使用的各种教学方法、教学艺术、教学手段和各种教学组织形式。

体育教学方法受制约于课程内容，通过学生达到教学目的或教学效果。连接方法的两端是教师和学生（图 2-3）。

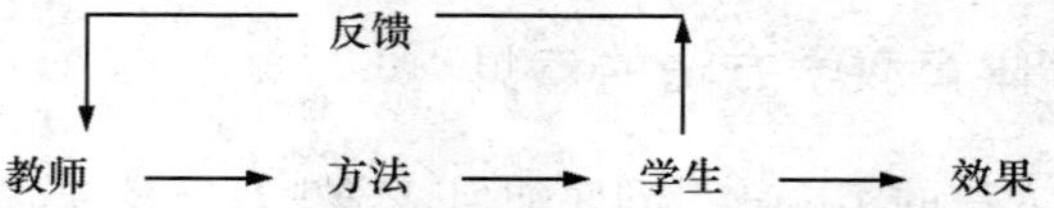

图 2-3　体育教学方法与效果的关系图

教学效果的评价主要是通过学生反映，而方法只有作用于学生后才能产生效果；连接方法两端的主体是教师和学生；影响教学效果的因素除了教师的传授水平、方法的执行情况，还有学生的内化、吸收、创新。换言之，教学方法两端的主体是决定方法实施效果的核心，二者的配合协调更是产生良好效果的关键。

教学方法的编排连接着教师和学生，教师的教学素质、水平、教学艺术、创新意识等不仅影响着教学方法的选择和运用，还影响着教学方法的改编和创新；同样，学生的身体素质基础、训练接受水平、技能掌握规律更是影响教学方法的实施效果。所以，教师不但要提高自身的教学水平，也要了解和掌握学生的接受水平和内化程度，两者通力合作才能做到“教学相长”，共同完成教学方法的创新、教学效果的提高。从实际情况入手，扩展、改进体育教学方法。

体育教学方法丰富多彩，形式各异，要想利用好体育教学方法必须从实际的教学条件考虑。场地的充裕程度、器材的配备、实施体育课的条件等都是选用体育教学方法必须要考虑的因素。

由于城乡地域、经济条件等的差异，所有学校的设备并不一致，且无法全部达到体育教学所需。在条件不允许的情况下，体育教学方法需要扩展和改进，使其更适合体育教学。当然，体育教学方法的扩展和改进只是手段，真正的目的是能够更好地适合体育课的需要，切实提高学生的健康体质，培养创新意识和锻炼创新能力。

扩展体育教学方法就是扩大某种教学方法的功能与应用范围，主要体现在教学的组织形式方面。如教学分组，以前都是按人数进行分组，但随着教学改革的深入，越来越多的体育教师认识到教学组织形式多种多样，于是出现了扩展，按兴趣分组、按伙伴朋友关系分组、按基础和水平分组的、按性格分组等。

改进体育教学方法是在原有方法运用的基础上，教师经过总结，进而改进不足或导出新的教学方法。改进法在教学实践中经常被使用，例如，对组织形式的加工；对教学手段或工具的改良等。例如，篮球教学比赛分组，让学生自由组合的形式，2 过 1 战术制定，将以前的讨论法形式改进为小群体探究形式等。

2. 从教学效果出发，优选、组合体育教学方法

体育课是按照完整的教学程序进行授课的，教学过程具有完整性和独立性。体育教学方法在整个教学过程中只是其中的一个要素，但它也是完成教学目标、实现教学任务最直接的途径和方式，体育教学效果取决于各个要素的通力协作，突出的是过程与结果的关联。从教学效果考虑，合理选择、优化组合体育教学方法，利用系统论的理念，将“教”与“学”看作“动态系统”，将目标—方法—效果融于教学环境。要求体育教学方法在实施过程中做到“瞻前顾后”，既考虑教学目标、任务的完成，又考虑所起到的效果，强调学习的内在过程，创造好的教学环境充分调动学生的主观能动性。注重方法的组合和联合使用，追求方法的“合力”效果和功效，尤其是在教学方法设计时更要全盘考虑，拓宽视野，把握全局，真正做到教学方法的“一体化”效果。

3. 从学生未来发展考虑，统整筛选体育教学方法

体育课对学生未来发展的作用至关重要，高等教育阶段是学生成长发展的重要阶段。体育这个特殊的学科，再加上运动项目繁多，导致对学生的影响巨大，不仅能影响到躯体和心理的健康，还能影响到人生观、价值观的形成。体育教学方法形式多样（有单个的，也有组合的，有为解决短期目标的，也有为长期发展考虑的），就其促进学生未来发展的角度考虑，对体育教学方法进行统整筛选，尤其对一些多种手段组合的教学法（探究性教学法、合作性教学法、自主学习法等）要筛选和统整，一方面这些教学法对学生未来发展极为重要，要加强运用；另一方面这些教学法的使用不能过于随意，也不能过度。教学方法是实现目标的途径，当然目标可能是单一的，但途径是多种多样的。这些途径中总有最省时省力的。这就是统整筛选的作用，没有体育教师的精心筛选，实现目标就会走弯路，教学效果变差。

第三节 高校体育创新教学方法的发展

一、创新教育理念下体育教学方法的反思与展望

（一）体育教学方法的历史反思

体育是外来品。中国的体育教学自 1903 年以来，已走过 110 多年。体育教学伴随着学校教育的发展不断发展。体育教学方法也随着学科的发展而不断发展，从训练方法和师徒式的传教方法发展成有中国特色的方法体系，既含有一般教育学的方法，又含有体育这个特殊学科的专门方法。

中国的学校教育从 19 世纪中叶，从洋人创办的教会学校开始，教学形式打破了以前的私塾教学，开始实施“分斋教学法”和班级授课制，主要形式是传授式。

20 世纪初，政府颁布了一些法规政策，如 1904 年颁布的《奏定学堂章程》、1912 年颁布的《壬子学制》、1922 年颁布的《壬戌学制》等，这些政策的颁布使学校的教学活动得以延续和发展，也给体育教学带来了新的机遇和制度保障。当时的教学引进了大量西方的教学方法，如设计教学法、启发式教学法等，这些新方法与传统方法形成了中西交融。

新中国成立后，中国的体育教学全面“苏化”，而苏联的教育强调的是教师主导论，教师就是权威和领导者，导致教学方法又回到原先的“传授式”教学。之后“以劳代学”盛行，教学方法也具有明显的阶级色彩。

改革开放后，受先进教育理念的影响、多学科知识的渗入，新的体育教学方法不断涌现，如发现法、探究法、情景法、小群体法等，给体育教学带来了无尽活力。

体育教学方法的不断发展和完善，充实着体育课堂内容，实现着体育教学目标，完成着体育教学任务。体育教学方法的历史发展给我们留下了深刻的反思：第一，体育教学方法是随着学校教育的开展而不断发展的；第二，体育教学方法的中西杂糅现象明显，既显示了本土的传授功能，又凸显了西方的人文特性；第三，体育教学方法受教育学、心理学、生理学等学科理念的影响越来越大，移植的方法也越来越多。

(二) 体育教学方法与其他教学要素协调配合的思考

体育教学的效果取决于体育教学诸多要素构成的合力，不可能仅靠教学方法单因素的改革就能达到提高教学效果的目的。连接教学方法两端的是教师和学生，实施教学方法条件的是媒介，这些都是影响教学效果的重要因素。

教学方法，主要受制于课程。它是把课程的内容化为学生的知识、能力、思想、感情，从而达成教学目的而服务的。在教学方法的进程中，它必然也要受到教学环境客观条件的制约。方法是由教师来掌握的。因此，教师的教学能力水平、创新思维观念、创新意识和能力不仅决定教学方法的创新，还决定方法的实施效果。

体育教学需要多个因素的协调配合才能达到理想的效果。教学活动最基本的7个要素之间相互联系、相互制约。作为其中一个要素的体育教学方法虽然连接着体育教师和学生，但是又受课程限制，因此，作为核心要素必须与其他要素相互配合、相互协调方可实现教学目标、完成教学任务，切实提高体育教学质量。

“主张每个教师都努力提高自己的教学修养，掌握多种多样的教学方法、手段和技巧，形成高超的教学艺术和教育机制，能因人、因时、因地制宜，灵活运用。在思想方法上关上形而上学的门，打开唯物辩证法的门，不断开拓、不断创新。”

(三) 体育教学方法在实施过程中的困惑

体育教学方法的实施主体是教师和学生。体育教师的文化知识、教学艺术修养、知识面等相对薄弱，没有养成总结、反思教学方法的习惯，导致对有效改进体育教学方法的研究不够深入，出现了“教学方法有反思却少改进”“指导学生合作、探究有形式却少实质”“与学生互动有温度却少深度”等现象。这些现象不仅是教学方法的问题，还是教育观念的问题，改变起来绝非一朝一夕。

学生由于长期受传统教育思想的影响，认为体育课就是放松身心、缓解学习文化课过度疲劳的压力而开设的附属课，可有可无，学好学坏对未来影响不大。再加上体育课本身枯燥乏味，“过度练习”又会影响决定命运的文化课学习，导致对待体育课的态度并不重视，体育活动也不积极主动。

(1) 体育教学过程中，教学方法的应用和实施渗透着教育观念、思维形式，这些非智力因素的提高需要时间和过程，而现实教学条件（课时多、训练累、设备不够、学生差异大等）制约着体育教师很难转变思想、更新观念，导致体育教学方法的改革有形式而无实质。

（2）体育教学方法多数是移植教育学、心理学、训练学等学科的方法，每种方法的应用都是有条件的，如何在体育课中发挥应有功效需要更深层次的研究。一些体育教师在实施教学方法的过程中陷入了误区，例如，把“合作学习法”实施成“自由学习法”，把“鼓励、激励教学法”实施成“绝对表扬法”等。

（3）体育教学方法影响因素很多，有些问题仅靠师生在短期内难以改变，例如，应试的考试制度，办学条件等；有些问题需师生经过长期艰苦的努力才能克服和解决，例如，教育理念的转变、教学技能的提高等。

（4）如何把教育理念具体化到方法和行动中，例如，变重认知到重情感，变重技能传授到重能力培养，变重结果到重过程，变重教师的教到重学生的学，变重教法到重学法，变重继承到重创造等，需要教师长期不懈地进行努力。

二、体育教学方法发展与创新带来的启示及展望

体育教学方法肩负着实现教学目标、完成教学任务的使命，由于，它的发展与创新时刻伴随着其他教学要素产生改变，所以，教学效果必然会受到影响。体育教学方法的发展和创新给体育教学带来了无限的生机和活力，虽然当今实施的体育教学方法存有很多问题，但是它的不断完善势必会促进体育教学的改革。随着体育教学形式的多样化，体育教学方法呈现出现代化、心理学化、个性化的发展趋势。

1. 体育教学方法现代化

体育教学方法现代化是随着现代教学技术的发展而呈现的。多媒体、高清录像、网络、形象化的挂图、器材的科技化等都是完善教学方法的手段和工具。这些不但丰富了体育教学形式，而且对技术动作学习起到很大的辅助作用。

2. 体育教学方法心理学化

体育学习过程就是心理过程，知识技能的提高更是个高度复杂的心理过程。对技术动作的分析不仅仅只停留在学习或训练方面，更多是从心理变化入手。如体育课的开始部分，创设生动活泼的情境激发学生的兴趣和积极性；基本部分，关注学生练习动作的表现并及时分析心理原因；结束部分，选放一些舒缓、柔和的音乐，实施念动放松等形式。

3. 体育教学方法个性化

教学是师生共同完成的，学生是主体，起到内因作用。要取得好的教学效果，发挥学生的积极性，实施因材施教是必不可少的。现代体育教学体现了区别对待，尊重学生，进行民主教学。以讲解、示范、纠错为主的教学方法也转变为

以探究、自主、小群体为主的形式。

体育教学方法的改革应树立全新的教育理念，注重学生主体性、全体性、社会性、创新性的培养。

1）关注学生的主体性、全体性

培养学生的学习主动性、能动性和创造性成为教学普遍追求的一种趋势，体育教学也不例外。体育思想实现了由“体育手段论”向“运动目的论”的转变，教学方法设计的重点由“教法”向“学法”的转变，教学方式由“教授”向“指导”的转变等。接受全体性教育是每个学生的“权利”，不让每一个学生“掉队”是教师的应有责任。体育教学方法的设计和应用越来越重视对不同水平学生的因材施教，让每个学生都能体验到成功和喜悦的乐趣，确保全体学生都能得到提高和发展。

2）关注学生的社会性

体育教学是培养学生合作、竞争、正义、奉献等社会美德的有效途径。体育教学方法的创设能给学生提供条件和机会，例如，合作性学习、群体讨论法、辅导帮助法、榜样激励法等，不但能培养学生团队精神、集体意识，而且能起到乐于助人、规范行为、友善交往的作用。

3）关注学生的创新性

培养学生的创新性已成为教育的神圣使命。体育教学同样要善于挖掘学生的创新潜质，培养创新意识和创造力，例如，技术动作创新、规则创新、组织形式创新、学习方式创新等。体育教师要允许学生走“探索的弯路”，激发学生的求知欲、好奇心、创新思维；给予学生友善的鼓励和指导；给学生提供创新的机会和环境。

第三章 高校体育教学手段的创新应用

第一节 高校体育教学手段的基本内容

一、体育教学手段的概念

所谓“手段”，可指本领或技巧。从马克思对劳动手段的分析，可知手段的最大特征是以实体形态存在的，是一物或诸物的复合体，是通过自身所具有的机械属性、物理属性和化学属性作用于客观对象的[①]。人类最早是把加工后的石头作为自己活动的物质手段，因此手段也称为工具，即人体器官延伸的工具。今天也称为硬件或硬设备，如各种机器设备、构成计算机的各个元件、部件和装置等。何为“工具”？其原指工作时所需用的器具，后引申为达到、完成或促进某一事物的手段。它的好处可以是机械性，也可以是智能性。具体有三个解释：①人在生产过程中用来加工制造产品的器具；②比喻用以达到目的的事物；③比喻专门秉承他人意志办事有如工具的人，多含贬义。

可以在参考马克思对劳动手段分析的基础上结合词典中的不同含义，把“手段”定义为“是实现目标过程中所运用的实体工具”。这个工具应包含两个含义：一是人体器官之外的工具，例如，各种器具飞机、汽车、电脑、钟表、手机等。二是人本身作为实现目标的工具。例如，“他是恶霸欺压平民的工具”就是把人作为一种工具；还有如欲抵达河的彼岸，游泳就是把自身作为一种使用的工具。同时，还可以把人体的某一器官作为达到目标的工具，如要让学生听明白词义，需要教师的讲解。此时教师的口腔就是一种达到目标的工具。

在“手段”这个概念之中，“目标”是使用手段的依据，没有目标，手段的存在就没有意义，只有在“目标”之前提下，“手段”才被人们选择与使用，此时的“手段”才富有活力与价值。

方法与手段是不同的，它们之间有一个共同的特征，那就是“实现预期的目

---

① 李启迪，邵伟德．体育教学基本理论研究［M］．北京：北京师范大学出版社，2014：218.

标”的要素，但在实现目标的过程中，突出的要素不同，则会导致方法与手段的先后关系或两者的重要程度不同。例如，庖丁解牛，首先突出手段的重要性，庖丁使用的那把锋利的刀就是有效解牛的手段或工具，这也是人们所强调的“工欲善其事，必先利其器。”“手巧不如家伙妙”，要把事办好，先得有一个应手的工具。庖丁对牛体结构了如指掌，能“顺其理”，按着牛体骨骼空隙去行刀，做到19年不用磨一次刀。其次庖丁解牛效率非常高，无疑强调了解牛方法。他根据牛的生理特征下刀（基础就是对牛的生理特征了如指掌），从哪里开始下刀，沿着什么线路运刀，什么时候收刀等，都要遵循牛的生理特征。

医生对病人诊病下药。高明的医生强调的是方法，采取正治还是反治，是先治本还是先治标，用汗、吐、下、和、清、温、消、补疗法。但大多数医生重视的是手段，常规的手段是先进行各类指标的化验、人体各器官的透视等。当然，也可以把先进的仪器设备与丰富的经验结合起来，诊病下药效果会更好。

如上所述，在实现目标的过程中，强调物质中介因素或手段的重要性，固然是无可非议的，但是这些物质中介因素，如果没有精神中介因素或方法的参与、指挥，那也是一事无成的。例如，我国在实施现代化的过程中，曾大量引进外国先进设备，但由于缺乏管理先进设备的方法，结果一度遭遇挫折，不得不转向对现代管理方法的研究。这些例子都有力地说明了方法与手段皆是实现目标不可或缺的要素。

“教学手段”是师生教学相互传递信息的工具、媒体或设备。随着科学技术的发展，教学手段经历了口头语言、文字和书籍、印刷教材、电子视听设备和多媒体网络技术五个阶段。

通过对体育教学手段概念的界定，说明体育教学手段没有引起足够的重视，也说明体育教学理论的匮乏。从唯一一个对体育教学手段概念的界定可以看出，所谓广义的手段也是泛泛而谈，包罗万象，没有涉及体育教学手段的本质，狭义的手段则比较接近体育教学手段的本质，但没有能够很好地概括体育教学手段的外延。

从“手段”与“教学手段”的概念入手，体育教学手段的概念应界定为“实现体育教学目标过程中使用的实体工具”。同其他学科教学活动一样，为实现教学目标，通常使用的实体工具，例如，教室、黑板、教具、媒体等，但体育教学使用的物化工具除了一般使用的工具之外，还具有特殊的含义。这是由于体育教学中师生需要大量的身体练习活动。因此，体育教学手段中的实体工具既可以指物质方面的工具，还可以指人体或人体某些部分，如为了实现“使学生清晰地观看较为准确的教师示范动作”的目标，教师以自身某些部分作为工具演示给学生。

二、体育教学手段的功能

（一）辅助运动教学功能

教学手段具有直观的功效。在体育教学中大量使用新颖实用的教学手段，可以辅助教师的教学。虽然教师在一节课中的动作示范是最重要的，但是体育教师不可能无限制地做示范，因此需要借助其他的教学手段，例如，学生示范、正确动作图示、助力与阻力、人体模型等。体育教师要善于寻找、发现、借用、创新各种教学手段，增加形声效果，促进学生对知识的记忆理解、发展智力、提高能力，为教学服务。

（二）更新教学观念功能

电子计算机、教学机的发展和普及，使教学过程中信息的传递和控制有了重大突破，虽然多媒体技术在体育课教学中普遍受到限制，但是体育课程借助多媒体教学的趋势是不可阻挡的。只是在形式上可以更加变通，如可以运用手提电脑，在讲课之余，让学生观看运动过程、标准动作技术，以增加学生的直觉。总之，在体育教学中，体育教师要广开思路，不要局限于现成的教学手段，要勇于创新，开发出更优良的教学手段。

（三）增加直观效果功能

教学手段主要是指教学硬件方面的内容，硬件方面的材料具有很强的直观性，教师的示范、人体模型、教学用具的演示，学生一看就能明白。有时学生出现了错误动作，教师的一推一拉、一拍一提就能产生奇效。这些教学手段都是非常直观、有效的，经常使用可增加学生对运动技术的直观感觉与体验，有助于快速有效地掌握运动技能。

（四）扩展信息反馈功能

由于教学手段具有非常直观的功效，教师可以获得来自学生身体的直接反馈。如视觉的直接反馈、肌肉本体的直接反馈、身体空间感觉等。通过各种教学手段的使用，可以拓展学生在体育教学过程中信息反馈的渠道与路径，而这些来自学生身体的反馈信息对于学习与掌握各种运动技能是必不可少的。

（五）加强师生合作功能

班级授课制表面上富有集体性，但其缺点也显而易见，它基本上属于组织与管理范畴，没有真正意义上的合作、分工与责任等，学生们完成教学任务基本是单独进行的，这与现代社会人与人之间高度合作的特征相悖。体育教学中大量使用的教学手段明显加强了师生之间的合作，体育教师可以通过各种直观的、手把手式的教学手段，增加师生身体之间的交流，传授身体运动方面的智慧，这对于运动教学来说具有特殊的价值与意义，在体育教学中应大力提倡。

三、体育教学手段的划分

本书认为，可用“二分法”原理把体育教学手段划分为人体内部感官视角手段与人体外部视角手段（图 3-1）。

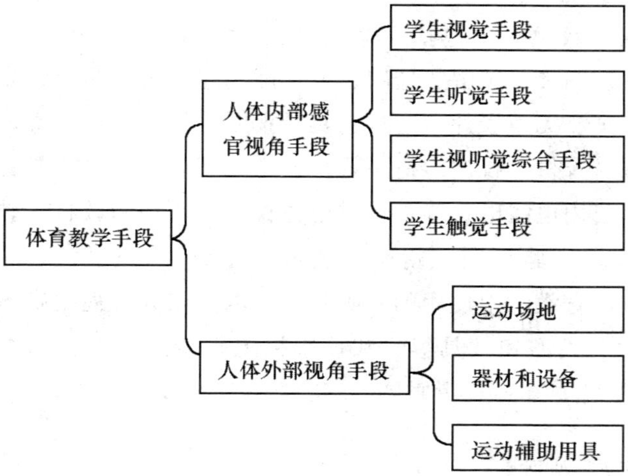

图 3-1　体育教学手段的划分

（一）学生视觉手段

所谓视觉手段，顾名思义就是指运用人类的视觉器官——眼睛来感知外界事物的手段，例如，摄影、电视、电影、造型艺术、建筑物、各类设计以及各种文字等能用眼睛看到的都属于视觉手段。教学活动中的视觉手段有很多，例如，书本、黑板、板书、电视、电影、投影等。在体育教学中使用的教学视觉手段与其他课程教学有所不同，更多趋向于教师的示范、学生的示范、学习卡片、教具、挂图、人体模型、标志物等，有条件的学校在体育教学中也可以使用多媒体、电视、幻灯片等手段。

(二) 学生听觉手段

教材的声音效果主要由教师讲解、音乐、音响三大类组成。一般情况下，表达思想感情、阐述科学道理时使用解说；调节课堂气氛、渲染氛围时使用音乐；让人产生身临其境的感觉时使用音响。当然，在各种声音中占主要地位的当属教师课堂讲解。体育课堂教学若能在教师良好讲解的基础上，配合美妙的音乐、强烈的节奏。则可以给学生“耳目一新”的感觉。在体育教学中广泛使用的听觉手段有收录机、播音机、手鼓、节拍器等。

(三) 学生视听觉综合手段

视听手段，来源于直接法和听说法，它是在听说的基础上，利用视听结合而形成的一种教学手段，强调在一定情境中听觉感知（录音）与视觉（图片影视）感知相结合。视听教学手段包括立体视觉教具，例如，标本等；平面的视觉教具，例如，照片、图表、图解、地图、宣传画、连环画、黑板、布告牌等；视觉教具，例如，静画、无声影片、幻灯、实物投影、显微镜投影等；听觉教具，例如，唱片、磁带录音机、校内广播装置、收音机等；视听觉教具，例如，有声电影、闭路电视、公用电线电视等。通过上述视听觉活动和教材、教具，可以显著地提高教学效率。实验证明，相比传统的教学方式，视听教学效率可以提高25％～40％。在体育教学中使用的视听手段可以具体分为视觉媒体，包括非投影视觉媒体（图片、模型和教具等）和投影视觉媒体（投影、实物投影、显微投影、幻灯片），听觉媒体、视听媒体、综合媒体（多媒体）等。

(四) 学生触觉手段

触觉是接触、滑动、压觉等机械刺激的总称。人体的触觉器是遍布全身的，如人的皮肤位于人的体表，依靠表皮的游离神经末梢能感受温度。体育教学中的“手把手”教学就是一种非常好的教学手段，它在体育教学过程中的使用是非常普遍的。因为学生运动感知的获得有时是很困难的，除了参与必需的身体运动之外，还要体验身体在不同运动过程中的感觉，没有这种身体感觉，运动技能的获得将成为一句空话。在学生不断地学练技术过程中，教师若能将自身获得的身体感觉通过某种方式传递给学生，帮助学生建立与体会这种身体知觉，那么运动技能的掌握必将缩短很多时间。“手把手”教学手段就是依赖教师的身体对学生运动中的身体给予一个恰到好处的刺激。提醒学生动作的时机与要点，这样，学生就可以在自身努力练习的基础上，借助教师的点拨，加速对运动感觉的理解与体验。触觉手段除了包括教师给予学生身体上的阻力与助力之外，还包括一些限制物、障碍物等，它们的主要作用是通过学生对限制物的感知与反馈，调整运动行为。

（五）运动场地

运动场地是每一个学校需要大力投资修建的，是学校的运动物质文化，是学校美丽的风景线，同时，教师可以将运动场地作为一个很好的教学手段。运动场地除了本身可以作为教学手段之外，还有一些内容可以作为特殊的教学手段来用，例如，体育馆内的墙壁可以作为排球垫球、扣球、传球的教学手段；室外的墙壁可以画上标志作为足球定位之用；室外运动场地的线条可以作为接力跑的线来用；台阶可以用于发展学生的跳跃能力等。这些教学手段都是学校内固有的，可以充分利用，当然在使用过程中需要提醒学生爱护公物、保持卫生。

（六）器材和设备

体育器材和设备本身是一种教学手段，同时还具有其他功能。例如，海绵垫可以用于做前滚翻和各种体操动作，也可以作为各种动作的保护与帮助手段；篮球可以用于篮球技术的教学，也可以用于篮球接力游戏，发展学生的协调能力；排球可以用于排球技术的教学，也可以当作障碍物，让学生在有障碍情况下完成规定动作，这些器材和设备的教学手段的开发不胜枚举。

（七）运动辅助用具

在体育教学中还有一些教学辅助用具可以作为很好的教学手段。例如，踏跳板教学手段的使用可以帮助学生在助跑起跳之后腾空，以建立腾空的身体感知，若没有踏跳板这个教学手段，则学生很难体验身体在空中的感觉。因为就一般学生而言，其身体素质与运动能力不足以充分地起跳。再如皮筋等也是很好的教学手段，可用于跳高的教学，它既安全又可代表高度；也可用于跳远教学中的前置障碍，目的是提示学生提高腾空高度；还可以在排球教学中作为发球高度的提示手段等。还有很多自制的辅助用具，例如，报纸、可乐瓶、易拉罐、木棒、铁圈、毛竹条等，都是在体育教师充分发挥智慧条件下能广泛应用于体育教学的自制教学手段。

四、体育教学手段的运用

一般来说，体育教学手段是体育教师在长期的实践中根据教学内容的特征，深入分析教学方法的基础上总结出的许许多多丰富多彩的形式。在这里，我们列举一些简单的例子加以说明。

（一）体育课中“多媒体”教学手段的使用

随着现代社会与科技的发展，多媒体技术在社会各界已经得到广泛的使用，学校教育中各学科的各种教学软件也应运而生，为教学提供了便捷、有效的方法。从当前的情况看，多媒体教学在学校教育的各个学科中仅限于语文、数学、化学、英语等，从实践中产生了积极效应。从传统观念来看。普遍认为多媒体教学和体育课联系较少，也就是说，体育课不宜运用多媒体教学手段。的确，体育课是以室外教学为主的阳光课程，这个特点决定了它不可能像室内教学课那样大量使用多媒体教学。因为，体育课不是理论课，体育课存在大量的身体练习，是一门操作性学科，所以，多媒体教学在体育课中的使用受到了较多的质疑。本书认为，要在体育课教学中使用大量的多媒体教学是不可取、不现实的，且背离了体育学科的本质特征，因为学生仅依赖视觉是无法掌握具有很强操作性的运动技能的。但完全远离多媒体教学手段也是一种极端的做法，也是不可取。我们虽然无法先在教室里看完由多媒体演示的运动技术，再到操场上进行运动实践，但我们可以利用笔记本电脑，在学生需要观看视频时打开电脑，让学生在短时间内观看。因此，我们在体育课教学中不能完全排斥多媒体教学手段。现代的多媒体教学手段已经基本替代了传统意义的收录机、播音机、手鼓、节拍器等教学手段，综合学生视觉、听觉、视听觉的各种内容，是一项有待开发的具有广阔发展空间的体育教学手段。

（二）体育课中“教具”教学手段的使用

“教具”是指教师在课堂教学活动中，帮助学生掌握教学内容而运用与教学内容相关的教学用具。体育课教学中使用教具和体育器材是一个普遍现象，它也是提高教学质量与效果的一种辅助性材料。一般来说，教具是体育课堂教学中经常使用的一般教学用具，例如，媒体、篮球、排球、足球、体操垫、实心球、跳绳、跳箱、各种架子、橡皮筋等，这些教具平时都储存在器材室，供教师随时使用。当前体育教师在使用教具方面还存在较大的空间，也就是说，体育教师在平时的教学中还没能充分发挥教具资源的作用。因此，体育教师要根据具体的教材内容，充分地利用教具提高体育教学的效果。教具的主要作用是激发学生注意力，可以作为障碍，发展学生体能；可以作为限制物，帮助学生解决运动技术的问题；可以作为标志物，提醒学生的有意注意等。例如，可以借助体操垫和篮球进行跨栏与攻栏练习。具体方法是在高约90厘米的台阶上，铺设两张垫子，并在垫子上放一个篮球。在做攻栏练习时，练习者的摆动腿积极折叠摆动，当摆至垫面高度时，迅速打开小腿，在超过垫面高度后，小腿继续前伸，用脚跟“踹”篮球，同时，上体继续前倾、异侧臂继续前伸，直至摆动腿在垫面上不能滑动为止，此时，两大腿的夹角达到最大，上体和异侧臂分别达到最大前倾和前伸程度。该设置的作用在于使学生用脚跟去“踹”，帮助学生体验快速攻栏的肌肉感觉，掌握脚跟向前攻栏的技术，形成快速攻栏的意识。体育教师还可以利用小沙包进行站立式起跑，站立式起跑的技能特征是一脚前一脚后，根据左右脚站位两手臂配合自然摆放，重心下降并前移，听到发令后快速蹬地跑出。站立式起跑易犯的错误包括：预备时同手同脚；预备时两脚间隔太大，重心靠后；听到发令时，后蹬不充分、起跑慢，甚至会出现垫步现象等。为解决这些问题。教师可巧妙利用小沙包，有针对性地解决学生的易犯错误：用小沙包解决同手同脚问题；用小沙包当“起跑器”解决后蹬问题；用小沙包帮助学生重心前移。

颜色可以起到很好的标志提醒作用，如果在教学过程中设置醒目的标志，例如，在沙地上用白色条带设置各种远度标志，学生每跳出一次新远度，就会得到教师的表扬，学生练习的积极性会更高。又如在教“高抬腿跑”时，可在跑道上按一定距离放置小体操垫，让学生做高抬腿跑过小体操垫，这样做既可以激发学生的练习兴趣，又可以使学生动作幅度更大，动作更“标准”，效果更佳，还能培养学生勇敢顽强、勇于超越自己的精神。这些都是行之有效的标志物提醒方法，能激发学生练习的兴趣、有效提示运动技术要点，提高教学质量。

（三）体育课中“场地设备”教学手段的使用

体育教学使用的场地设备是体育教学各种活动中最基本的硬件设施，也是学校投入较大的项目。有时，因为某些原因，学校的一些场地器材经常处于闲置状态。例如，由于安全的因素，跳高、单双杠技巧等教材内容没人敢教，导致这些场地器材无人问津。这就是教学手段资源的浪费，体育教师应把这些场地器材运用于教学或锻炼之中，发挥它们应有的价值与作用，体育教师可以安排一些支撑、悬垂、立定跳等以练习身体素质项目为主要目的的内容进行教学，也可以安排一些娱乐性的游戏，还可以利用现有的器材，例如，钻过单双杠、跳过沙坑、跑过小障碍场地的障碍练习。

学校现成的场地器材还有很多，例如，体育馆的墙壁、楼梯、室外活动设施等。这些现成的学校场地器材资源可以好好地利用。例如，在墙壁上画控制投掷高度的上、下限制线；利用体育馆的墙壁进行垫球练习；组织学生进行对抗投掷垒球反弹比远的比赛；在墙壁上画圆圈，组织学生进行垒球、沙包掷准比赛。还可以利用学校的花台进行跳台阶素质练习；利用学校的楼道练习爬楼梯，锻炼学生的耐力；利用学校的小树林、固定体育设施进行自然地形跑，锻炼学生的心肺功能；利用肋木、平梯进行攀爬、穿越等障碍跑游戏，锻炼学生的力量等。这些都是充分利用校内场地设备资源作为良好教学手段的较好设想，也是节约体育活动财物、开发校内资源的重要举措。

五、体育创新教育的教学发展

（一）对体育教学本质特征的探讨

如果我们试图解决体育教学的问题，首先要对体育教学的本质有合理的认识，在此基础上系统分析体育教学的内外影响因素，才有可能寻找出最有效的解决途径和方法。

本书认为，“活动性”是体育教学的本质特征。我们只有从“活动性”本质特征出发才可能梳理清楚不同历史时期和发展阶段的体育教学特征。“活动性”特征决定了体育学科内容的宽泛性、多变性和流动性特征，决定了体育教学的时代性，决定了体育教学必须以一种生命的形式表现，即充满“活力”，不是外在强加给学生的，而是变成学生内在的精神需求和发展源泉，为学生提供个性自由发展的空间，为学生的身体、心理的不断超越服务，为最终实现全面自由的发展而服务。我们将这种类型的体育教学称之为“体育创新性教学”。它摒弃传统体育教学中存在的学生被动参与的、观念活动与实践活动相脱离的不完整的体育活动，以不扭曲“活动性”的本质特征为前提，在教学过程中保证学生自主参与，以学生学习兴趣和内在需要为基础，以主动探索、变革、改造为特征，以实现学生主体能力综合发展为目的。这样，学生的“体育活动”在体育教学中就成为学生真正的主体性实践活动。

（二）体育创新性教学的基本理念

1. 体育创新性教学的学生观

学生观，即人们对学生的基本认识和根本态度，是直接影响教育活动的目的、方式和效果的重要因素。就体育领域近年来发表的有关学生观的成果来看，还存在对学生天性和潜能估计不足的现象，尤其是解放自我、创造自我的天性和创造性潜能。实际上坚持什么样的学生观，对于确定体育创新教育目的以及选择教育行为都有直接的导向作用。

学生是发展的人主要体现在：

第一，学生身心发展是有规律的，是自然性与社会性的统一。学生的身心发展是一个连续的过程，同时有阶段性特征。对学生身心发展规律性的认识是客观理解学生的基础，它客观上要求我们熟悉不同年龄阶段学生身心发展特点，并依据学生身心发展的规律和特点开展体育创新教育活动，从而有效地促进学生的身心健康发展。

第二，学生具有巨大的发展和创造潜能。脑科学研究的发展和国内外关于智力与创造力开发的探索，为此提供了大量的事实经验。在体育教育实践中，出现的“成功体育教学”就是基于每个学生都有获得学习成功的潜能的信念，取得了全面提高学生体育素质的良好效果。相信学生的发展与创造潜能是把学生作为发展的人来认识的重要要求。

第三，学生是处于发展过程中的人。发展是与克服原有的不足和解决旧有矛盾相联系的，如果学生没有问题、缺陷以及矛盾，那也就没有了发展的动力和方向。把学生作为一个发展的人来对待，就要理解学生身上的不足，并允许学生犯错误。当然，更重要的是帮助学生解决问题，改正错误，从而不断促进学生的进步和发展。体育教学中运动技能的获得其实就是不断地弥补缺陷和解决问题的过程。只不过，我们以往忽略了它的技能培养之外的观念、态度问题，“就技术论技术”而没有拓展体育教学中学生完整和持续发展的意义。

2. 学生是个体存在的

学生是个体存在的，也就是说学生的存在有其独特性，不管是相对于成年人还是同龄人。事实上，学生有自己独特的内心世界、精神生活和内在感受，有着自己的观察方式、思考和解决问题的方式。因此，我们把学生视为完整的人，他并不是单纯抽象的学习者，而是有着丰富个性的完整的人。在体育教育活动中，作为完整的人而存在的学生，不仅具备全部的智慧力量和人格力量，而且体验着全部的教学进程。在这个进程中，学生学习并不是单纯的知识接受或技能训练，而是伴随交往、追求、选择、创造、意志努力、喜怒哀乐等的综合过程，是学生整个内心世界的全部参与。每个学生的独特性是其个性形成和完善的内在资源，也是教育努力的重要目标。那么有一个问题不可避免，即学生独特性和教育的统一性如何协调的问题。学校体育发展历史上则出现过走向极端的现象，出现了过分强调整齐划一和自由放任的教学实践，但都被人们否定了。珍视学生的个体性存在，真正关注学生主体性的发展，应该是我们体育工作者对学生的基本态度。

3. 确立的学生主体地位

第一，体育教师要相信学生内在的创造能力，要敢于放手让学生参与教学的设计和评价，改变思想上保守观念、权威和专制作风。

第二，体育教学活动中，学生发挥自身主体性的形式多种多样，有学习态度上的，又有学习过程中的接受、探索、训练、创新等具体行为。因为，学生在不同的任务中，不同的条件下，主体性表现也各有差异，所以，体育教师要在教学中保持清醒的头脑，善于分析和辨别学生的主体性表现形式，同时使自己识别学生主体性的能力得到提高。

第三，体育教学要为完善学生的主体性的结构而服务。有研究指出，学生的主体结构包括操作系统和动力系统两个部分，操作系统主要由智力因素组成，承担着对客体的感知、概括、记忆、运用等任务，而动力系统主要由非智力因素构成，承担着激发和维护学生主体认识活动的任务。学生主体结构的发展和完善，主要是通过教育活动过程来实现的。众所周知，结构决定功能，体育教学只有自觉地发展和完善学生的主体结构，才能不断提高学生的主体地位，使学生的综合能力得到发展。

第四，应进一步探索体育教学中学生的主体活动问题，如活动的类型，各种活动类型的特点和功能，如何有效建构这些主体活动等。

4. 学生是责任和权利统一的主体

现代社会中的学生在教育系统中不仅是法律上的责权主体还是伦理上的责权主体。我国的教育界在处理学生权利的自由和限制问题上，基本是权利主义的态度。也就是说，我们的教育基本上是从有利于课堂教学以及学校管理的有效运作出发，对学生的各种权利，例如，财产权、交往权、隐私权等，没有明确的保护和尊重措施。另外，还有一种保姆主义现象，即学校或教师对学生承担过多的责任，包括许多不必要的责任。这直接导致学生责任意识的缺乏和学校以及教师的负担加重。从另外的角度来讲，太多的责任必然导致教师或学校对学生的过分干预，压抑学生创造性的发展，甚至在不知不觉中发生侵害学生权利现象。总之，体育教学在实施创新教育的过程中，既要避免权利主义，又要避免保姆主义，争取寻求一种平衡。一方面注意区分学生个人行为与教育行为的差别；另一方面注意区分不同年龄阶段学生的权利与责任承担问题，使学生在体育教学过程中能够在一种民主化的环境中进行探索和创造。

（三）体育创新性教学的知识观

知识观其实就是人们对知识内涵的认识，它决定了教学内容的选择。体育学科领域很少见到专门探讨体育知识观的问题，大多数只是在教育内容的探讨中稍有涉及，这方面工作的欠缺使我们在探索体育教学内容的取舍时没有基础理论的支撑。周登嵩、赖天德和毛振明在《学校体育教学探索》一书探讨了我国体育教学内容与教材的存在的问题和弊端。期望为解决体育教学内容低级重复等问题提供策略性的建议。[①] 周先生着重从体育文化素养的角度分析体育教学内容的取舍；赖先生提出综合考虑教材典型性、基础性、文化性、实用性、可行性五个方面的因素；毛先生则强调运动认知的获得，并提出可以从学生各种能力发展过程和学生从业以后的所需各种能力的关系中寻找解决逻辑性的办法。提出了体育教学内容可能的"生活技能设计系列""文化分类设计系列""兴趣类型设计系列""身心发展的阶段性规律设计系列"四个方面的设计理论和方法。

上述学者对体育教学内容的选择的依据、评估标准等问题的分析都没有涉及体育知识观最基本的知识分类问题，学生的学与知的关系是一个过程与结果的关系。只有对结果有了系统、科学、具体的认识，才能在过程上下功夫来选择教学内容和进行教学设计。忽略了这一基础性环节，相应的问题解决策略可能显的抽象而不具体和不具有可操作性。所以，本书对体育知识的内涵和分类的探讨，为下面研究体育创新教育教学的内容选择和教学设计问题打下了基础。

1. 体育知识的内涵

我们可以从学习的观点来定义体育知识的内涵。体育知识即主体通过与环境相互作用而获得的体育方面信息及其组织。被贮存在个体内，即为个体的体育知识，被贮存与个体外则是人类的体育知识。这种界定强调：

（1）体育知识是后天经验的产物，不包括机体由遗传而来的适应机制；

（2）体育知识获得的过程是主客体相互作用过程；

（3）体育知识的范围广泛，从获得具体的体育信息和机体的运动认知（主要通过人体本体感受形成的认知，它不能由其他的认知途径来取代，体育学科是以运动认知为主的学科。）结构根本变化，都属于体育知识的范畴。

"学"与"知"的关系是过程与结果的关系，我们关注体育知识是为了更好的关注学生的体育学习，但是体育学习的结果并不全是"知"。例如，作为体育学习结果的人的情感变化虽与"知"相关，但主要不是"知"的问题。体育知识所涉及的范围要小于体育学习涉及的范围。

2. 体育知识的分类

为了促使学生的体育学习向创新性学习转变，我们自然要涉及体育知识的分类。20 世纪 80 年代以来，许多认知心理学家把学生的知识概括为三大类：陈述性知识——相当于加涅所说的言语信息；程序性知识——相当于加涅所说的智慧

---

① 毛平丽．大学体育创新教育研究［J］．科学咨询（科技·管理），2012，（5）：95－96．

技能；策略性知识——相当于加涅所说的认知策略。从教学设计的角度考虑，这一分类把知识、技能和智力三个概念统一起来，既包括狭义的知识观又包括广义的知识观。狭义的知识观指陈述性知识，广义的知识观除了狭义的知识外，还包含人们时常所说的技能（程序性知识）和尚缺乏认识但对人的智慧起决定性作用的策略性知识。因此，对体育知识的分类也可以依此标准，然后针对不同类型的体育知识特点进行体育创新性教学的设计。

六、体育创新性教学的设计

（一）设计步骤

我们认为体育创新性教学设计至少包括如下步骤：

（1）规定包含创新精神和创新能力在内的体育教学的预期目标。目标的陈述应尽可能明确、具体，尽可能用可以观察到的和可以测量的行为变化作为教学结果的指标。这就要求我们深入地、努力地总结和归纳体育学科领域学生的创新性行为的特点、规律、表现形式等为进一步制订相关的测量标准做准备。

（2）确定学生起点状态，包括他们的原有知识、技能和学习动机、状态和创造力水平。

（3）分析学生从起点状态发展到教学预期目标应掌握的知识技能或形成的态度与行为习惯。

（4）考虑用什么方法和方式呈现教材并提供学习指导。

（5）考虑用什么方法引起学生的反应并提供反馈，例如，练习设计。

（6）考虑如何对教学结果进行科学测量和评价，尤其注意非智力因素中的创新的态度、情感、意志等方面测评的综合效果。

从以上六个方面，来考虑体育创新性教学的设计对教师来说需要多方面的知识和技能。除了体育领域专业知识与技能、创造教育的知识与技能外，体育教师还需要当代认知心理学中关于学生的知识分类学方面的知识。因为体育教师利用一般学习心理学原理、体育学习心理学原理以及创造心理学原理进行教学设计，首先必须对他所教的知识类型加以鉴别，也就是说他必须确定所教的是哪类知识，他应该教哪些知识，然后才能合理的设计教学过程。

（二）对陈述性体育知识进行的创新性教学设计

1. 陈述性体育知识的解析

陈述性体育知识是指个人具有的有关体育领域是什么的知识。检查陈述性知识的行为标准是看学生能否回答“是什么”的问题。例如，提问学生足球起源于哪个国家，最初的名字叫什么？正规室内篮球比赛有多少上场队员？如果学生能够回答这些问题，我们便可以做出他们已经获得了陈述性知识的推论。陈述性的知识又分为三种形式：

(1) 有关事物的名称或符号的知识，也就是表征学习所获得的知识形式，例如，词汇学习。

(2) 简单命题知识或事实知识。例如，学习“中国的国球是乒乓球”这样的单个命题，所获得的意义即这种知识，也就是命题学习所获得的知识形式。

(3) 有意义的命题的综合知识，即经过组合的言语信息。例如，陈述中国国家足球队的屡次冲击世界杯失利的原因所需要的就是这类知识。现代认知心理学认为，知识必须以一定的形式在人的认知结构中进行表征才能贮存。一般认为陈述性知识主要以命题形式在头脑中表征，命题通过句子来表达，并形成命题网络结构形式贮存在头脑中。陈述性知识还有一种贮存形式就是表象。

心理学家佩维奥提出，人的记忆可以采用语义编码，也可以采用形象编码。体育领域中的多数陈述性知识由于可以进行语义与形象的双重编码而比较牢固地保持。当然，体育知识的贮存不是目的，贮存的形式应该便于提取和回忆，而提取的关键在于编码。

2. 设计策略

在根据陈述性的体育知识特征进行创新性教学设计时，首先，应确定教学目标是学生回忆知识的能力。检查这种能力的方法比较简单，要求学生口头或书面陈述学到的知识，即可证明他们是否具备了这种能力。其次，教师应考虑如何帮助学生去掌握这种知识，这是教学设计的重点。我们说这种知识的检查方法比较简单，并不等于说只让学生死记硬背。因为，学生陈述性的知识是符号或词语表达的意义，而不是词句本身。而意义的获得必然经过有意义的学习过程，也就是我们平时所说的知识的理解过程。“言语学习理论”和“生成学习理论”都是阐明知识理解的过程和条件的理论。两个理论都强调知识的理解过程是新知识与认知结构中原有的有关知识建立联系并发生相互作用的过程。要使这一过程顺利进行，教学设计必须考虑学生自身条件，如他们的学习动机、原有知识状况和学习习惯；还要考虑学生自身以外的条件，例如，教材呈现方式、直观教具的使用、提问和反馈方式等。

总之，由于陈述性体育知识的贮存和提取的关键是编码，其教学设计必须以知识的理解为核心。教师的实践是在教学设计中，让学生分析对教材中诸多术语和命题进行讨论，并充分利用多种情境假设，使学生明白了自己的学习目标，通过教师的教学过程的深入，学生为达到目标而不断努力。

3. 对程序性体育知识进行的创新性教学设计

1）程序性体育知识的解析

程序性知识是个人具有的“怎么办”的知识。例如，学生能够指出自己或者同伴的技术优势和缺点，以及能够自发地组织体育活动等。学生能够正确和顺利地完成这些事情，我们可以做出他们获得了相应的程序性知识或智慧技能的推论。关于程序性知识的类型，按加涅的说法是：辨别、概念、规则和高级规则。按J. R. 安德森的说法是模式识别和动作序列。模式识别就是对事物分类，实际是概念的应用；动作序列就是根据符号进行一系列运算或操作，也就是规则应用。可见程序性知识主要涉及概念和规则的应用。

体育创新性教学的一个关键问题就是如何使学生的陈述性体育知识转化为程序性体育知识，同时不压抑学生的创造性发展。但并不是所有的陈述性知识都能转化为程序性知识，例如，体育中的人名、具体事实的知识等是不可能转化为技能的，能够转化的主要是概念和规则（包括原理、定律、法则等概括化的命题知识）。体育领域高度熟练的技能产生的内在条件主要是由于各个项目的程序性知识在头脑中形成表征的单个因子构成了网络系统，这个系统是不断地随着充分的练习而演进，系统的单个因子以控制流形式自动地、系列地发生。运动员的上述系统不断地与环境进行交换，自动激活运动员一系列的动作，其意识控制程度降低。例如，运动员在比赛中的技战术行动往往是瞬间的抉择，无法多加思考。

2）设计策略

根据体育领域程序性知识的特点，在进行创新性教学设计时，应确定教学目标是概念和规则的应用能力，例如，球员对一般战术原则的实战应用以及贯彻教练战术安排的实践能力。要检验这种能力，不是看学生能从我们这里学到了什么，而是看学生在面对各种必须应用学过的概念与规则的情境时，能否顺利进行思维和实践操作。能否根据自己所学的某种体育项目技术的特点结合学过的技术分类的原理，来分析自己和同伴的技术动作的缺陷、优点，可以陈述技术之间的差别；学生能否依据学过的裁判法和规则精神合理地执法体育比赛等。只有看到学生顺利地运用规则办事，我们才能认可他掌握了程序性知识。

在教学方法的设计上，应让学生理解概念或规则，这点与陈述性知识的教学设计是相同的。不同的是，程序性知识必须经过充分的训练才能获得。各类体育项目的技能训练就是使运动员获得程序性知识（包括本体的运动认知）。体育的专门技能与其他行业一样，高超的技能都必须经过相当长时期的训练。

总之，程序性体育知识的创新性教学设计必须以实践应用为核心。例如，教学内容是有关的战术概念，练习时应该注意正反例子的运用。及时对学生练习中的正反例子组织学生分析讨论，也可以引导学生与多媒体课件中的模型进行对比。正面的例子有助于概括和迁移，但也可能导致泛化。呈现反面例子有助于辨别，使概念精确。规则也有正反例，应引导学生将新学习的规则广泛应用于新情境之中，做到一见到适当的条件，便能立即做出反应，提高其实践应用能力。当然，这种反应可以是内部的，也可以是外显的。对于那些系列较长的程序性知识教学，还要考虑练习时间安排的集中与分散问题，部分与整体的关系等。

4. 对策略性体育知识进行的创新性教学设计

1）策略性体育知识的解析

策略性的知识也是回答怎么办的问题的知识。例如，学生们在观察一场比赛时，他如何控制自己的注意力呢？学生们参加长跑比赛时如何分配体力呢？让学生自由分组练习以及学生带操等。根据实际观察，学生面对这样的问题，在陈述性知识具备的情况下，有些学生显得聪明灵活、敢于创新、随机应变，有些人则显得笨拙，不能应变。心理学家认为，学生在学习或认知活动方面的这种差异是由他们的策略性知识决定的。策略性知识也是一种程序性知识，不过，一般程序性知识所处理的对象是客观事物，而策略性知识所处理的对象是个人自身的认知活动。国外的研究表明，策略性知识也需要由陈述性知识转化为程序性知识。如目前体育领域流行的对运动员进行心理调控策略训练，首先向运动员解释心理调控策略（陈述性知识），然后告诉他们在什么时候运用（即运用条件的知识，属陈述性的知识），再训练他们知道怎样运用（程序性知识）。研究与实践均表明，经过训练的运动员，心理调控能力明显提高。由此看来，策略性知识也必须经过控制流系统才能贮存。

2）设计策略

根据策略性知识的特点进行体育创新性教学设计有以下三个重点工作：

①在体育课程中加入认知策略训练的内容，包括创造性思维训练。

②教师进行教学策略方面的知识学习和技能训练，尤其是“创造性教学策略”。当前的体育教师大多数不知道如何向学生去解释策略。例如，策略活动是一种内在思维活动，怎样使这种活动让学生感知并学习呢？这就需要训练教师善于描述内在思维，帮助学生进行形象性、创造性想象。

③尽量通过各种方式和渠道来认识学生的元认知。因为，学生的元认知发展制约着策略教学。

由于体育领域缺乏对儿童的认知策略研究的关注，上述三个方面的实践还需要体育教育理论工作者们与实际工作者长期共同的努力，不过现阶段，体育教师还是能够有所作为的。他在进行教学设计时，要明确地陈述学生在“一般性学习”与“创新性学习”方面的目标。另外，他们还需要进行创造性思维策略的教学。由于许多的策略是相互联系、综合运用的，所以高级策略的检验和教学都较为困难。不过，实践过程中可以尽量为学生提供丰富、多样的探索和创造机会，获得探索、创造经验。

第二节　现代教育技术手段的发展

现代教育技术在高等教育中的运用越来越广泛，但对于现代教育技术的教学理论及其发展还有待研究。本节将会对现代教育技术的定义、教学理论以及在体育教学中的运用进行阐述。

一、现代教育技术的定义与内涵

（一）现代教育技术的定义

美国教育传播与技术协会于 1994 年提出教育技术的新定义，再次引起了一场关于我国教育技术发展与定位的大讨论。我国教育界认为“电化教育”就是中国的教育技术，电化教育指的是运用现代教育媒体，并与传统教育媒体恰当结合，传递教育信息，以实现教育最优化。但随着教育的发展和对教育技术认识的深入，“电化教育”一词已不能准确概括教育技术的内涵和外延，不能满足现代教育发展的需要。具体体现在：①电化教育注重媒体论，媒体论的不足在于缺乏系统方法。因为教育是个大系统，不但包括电化教育中研究的媒体，还包括教师、学生、教学内容等要素，单纯研究媒体的运用，不可能实现教育的最优化；②电化教育中对媒体的定义指第四次教育革命后产生的媒体，列举中未提及第五次信息革命出现的多媒体计算机及网络技术、虚拟现实等数字信息技术；③不便于国际学术交流。对于前两个问题，我国专家又提出电化教育的新定义，即电化教育就是在现代教育思想、理论的指导下，主要运用现代教育技术进行教育活动，以实现教育过程的最优化。

1. 教育技术

美国教育传播与技术协会（AECT）1994 年对教育技术的新定义为：“教育技术是对学习过程和学习资源进行设计、开发、运用、管理和评价的理论与实践。”明确概括了教育技术的研究对象是学习过程和学习资源。综合以上分析，得出教育技术的三个基本特性：

（1）教育技术就是应用高科技的方法来分析和解决人类学习问题的过程，其目标是追求教育品质的最优化；

（2）教育技术分为有形技术和无形技术两大类，有形技术是指利用自然科学、工程技术学的成果，把物化形态的技术应用于教育以提高教学效率的技术。无形技术主要指利用教育学、心理学、系统科学、传播学等方面的成果以优化教育过程的技术。

（3）教育技术依靠开发、利用所有学习资源来达到教育目的。学习资源主要分为信息、人员、材料、设备、技巧和环境。这些资源主要来自两个方面，一个方面是专门为了学习的目的而设计出来的资源；另一个方面是现实世界中原有的可被利用的资源。

2. 现代教育技术

现代教育技术与教育技术名称不同在于现代教育技术加上了“现代”二字，其目的是吸收现代科技成果和系统思维方法，使教育技术更具有时代特色，更加科学化、系统化。要弄清它的概念，我们必须先弄清“现代”的含义。中文关于“现代”的解释是：现在这个时代。英文解释有两种：一是“modern”译为：①近代的，现代的；②现代风格的，新式的；现行的，时髦的。二是“contemporary”译为：①发生，存在；生存或产生于同一时期；②同一瞬间发生的；③自始至终同时存在的；源出同一时代的；④当代的或仿佛当代的，现时的。可见，由于对“现代”这个词的理解不同，对现代教育技术的理解也不同，归纳起来主要有两种：一种是指现在新出现的教育技术，与之对应的是传统教育技术，这种理解强调对传统的革新；另一种指现在正在使用的教育技术，它包括传统教育技术和新出现的教育技术。

我国专家对此做出了如下解释：

解释1：现代教育技术是把现代教育理论应用于教育、教学实践的现代教育手段和方法的体系，包括以下几个方面：①教育教学中应用的现代技术手段，即现代教育媒体；②运用现代教育媒体进行教育、教学活动的方法，即传媒教学法；③优化教育、教学过程的系统方法，即教学设计。

解释2：教育技术涉及范围比较广泛，几乎包括教育系统的所有方面，现代教育技术仅涉及教育技术中与现代教育媒体、现代教育理论以及现代科学方法论——信息论、系统论、控制论等有关的内容。

解释3：与一般意义上的教育技术学相比较，现代教育技术学更注重探讨那些与现代化的科学技术有关联的课题。具体表现在它所关注的学习资源是最近一二十年问世的信息、传递、处理手段和认识工具，如先进的电话、电视、电脑系统及其教学软件，而这些系统的开发和利用又是与现代化的科学方法——信息论、控制论、系统论的指导分不开的。

解释 4：所谓现代教育技术是指在现代教育实践中形成的，以现代教育媒体、方法和教学设计等基本要素构成的综合体。开展现代教育技术工作就是在现代教育思想、理论指导下，应用现代教育媒体、方法和教学设计，开发教育信息资源，优化教育过程，增进教与学的效果。

解释 5：所谓现代教育技术，就是运用现代教育理论和现代信息技术，通过对教与学过程和教学资源的设计、开发、利用、评价和管理，以实现教学优化的理论和实践。

学生可以节省抄笔记，模拟情境等时间。从一定意义上讲，现代教育技术的引进提高了课堂的教学效率。然而从另一方面来看，先进的教学手段如果利用的不够合理，就会让教师成了幻灯片放映员，学生成了图片观赏者。过度的使用多媒体课件很可能会分散学生的注意力，使学生忽略那些隐藏在视听享受中的知识点。不仅如此，先进的技术还可能使教师和学生产生一种惰性，过分地依赖现代教育技术手段造成不合理的滥用。因此，单单地把现代教育技术看作是一种技术手段而忽略它的教学理念，必然会使应用过程产生偏差。现代教育技术是一门理论与实践相结合的科学，是集优良传统经验与现代科技于一身的科学。只有把先进的教育技术与科学的教学理念相结合，传统教学的优势与现代教育技术相结合才能产生一种全新的教学模式，从根本上改变我国高等教育的落后局面。

（二）现代教育技术概念的区别与联系

1. 教育技术与电化教育

电化教育最有代表性的意义是：根据教育理论运用现代教育媒体，与传统教学媒体相结合，有目的的传递教育信息，充分发挥多重感官功能以实现最优化的教育活动。从中可得出这样的定义，电化教育实质上是一种以视听设备为主的媒体技术，主要是研究在教学过程中如何使用先进的多媒体技术，以达到最优化的教学目的。

与教育技术的定义相比，电化教育与现代教育技术从概念的范围、研究的层次、探讨的深度和广度方面都有一定的差别。总而言之，教育技术的含义是指解决教学问题中所运用的教学理念、媒体技术、教学手段等。因此我们也不能单纯地把电化教育看成是教育技术之外的学科，也不能说电化教育就是教育技术。我们应该说电化教育是教育技术之中的一部分内容，从目前研究的范围和深度来看，“教育技术”一词更符合目前国际研究和交流的实际情况。

2. 教育技术与教学技术

前文对现代教育技术的5个解释，尽管表述不同，但它们都强调利用现代教育技术来实现教育教学的优化。第1、第2种解释对现代教育媒体的理解一般基于电化教育概念中的解释，即现代教育媒体指电子技术媒体，可见它们是从狭义角度解释“现代”的；第3、第4种解释明确提出，现代教育技术关注的是近几十年新出现的技术；第5种解释是作为现代教育技术的定义提出的，但1998年李克东教授在给华南师大电教系研究生关于《教育技术基础理论研究》专题讲座中指出，应用于教育的现代信息技术包括：①模拟音像技术；②数字音像技术；③卫星广播电视技术；④计算机多媒体技术；⑤人工智能技术；⑥互联网通信技术；⑦虚拟现实仿真技术。可见，解释5仍然把重点放在新技术的应用方面。现代教育技术把先进的教学手段带进了课堂，多媒体、语音教室、计算机网络等技术的使用改变了以往教师独唱主角的教学模式。学生通过自身的视觉、听觉、触觉等更为直观的方式进行学习，更加有利于对抽象化教学内容的理解。不仅如此现代化的教学手段为教师和学生提供了巨大的便利，教师可以节省设计板书、写板书、解释晦涩的抽象概念等，从字面意思看出，教育技术比教学技术的范围更广，教学只是教育的其中一项内容。因此教学技术是教育技术的下属概念，是教育技术在教学过程中应用的术语。准确地讲，教学技术是教育技术在教学过程中所运用的教学手段，如语音设备、多媒体技术、计算机网络技术等等以及这些与课程相关的内容与课件的收集及开发制作技术。

而教育技术的应用范围很广，它包括宏观和微观两个层次。宏观层次是指教育与外部环境的关系，如教育与需求的协调问题，外部环境对教育是何种要求；目前的教育程度与要求的差距在哪里；教育要平衡发展需要的人力、物力、财力等方面怎样的配合，资源如何实现合理配置等等，这是一个很大的方面，关系到国民经济的情况以及各国的国情。微观层次指的是在优化教学成果、提高教学效率、深化教育改革、发展素质教育等方面要用到的教学资源、模式以及手段，以及合理应用这些手段的观念，还有如何对这些资源进行配置、管理和评价。

二、现代教育技术在高等教育中应用的理论基础

（一）系统理论

系统科学是指系统论、控制论、信息论，它们既相互区别，又相互渗透、相互联系，统称为“旧三论”，从中提炼出来的系统科学的基本原理对教学技能的训练和应用有着方法性的指导作用。

1. 系统论

系统论是研究系统的模式、原则和规律，并对其功能进行数据描述的一门科学。系统是指由相互联系、相互作用的一些要素结合而成的，并具有一定特殊功能的有机整体。它可以同外界进行物质与能量的交换以达到保持系统有序、平衡的状态。系统方法是按照事物本身的系统性把对象放在系统的形式中加以考察的方法，它侧重于系统的整体性分析，从组成系统的各要素之间的关系和相互作用中去发现系统的规律，从而指明解决复杂系统问题的一般步骤、程序和方法。系统论的创始人是奥地利理论哲学家和生物学家贝塔朗菲，他于1947年发表的《一般系统论》标志着系统论的产生，他认为系统是相互作用的若干元素的复合体。其中最重要的要素便是“组织联系”，这种联系一方面是各个部分的信息渠道，另一方面是它们动态作用的结果。系统论中的系统是指一个要研究和处理的对象，对象不同系统所涵盖的范围也不一样，大到地球、国家，小到机器、分子都可以看成是一个系统。系统按性质分大致有五类：自然系统、社会系统、思想系统、人工系统和复合系统，教育技术就属于一种人工系统。系统是普遍存在的，我们认识系统的目的就是为了更好的认识和改造自然和社会，解决实际存在的一些问题。所谓的“系统工程”就是指利用系统理论的基本原理创立起来的重要工程技术门类。它一方面重视系统的发展变化和系统内部各子系统的相互关系，并注重系统整体的功能；另一方面它注重系统数量的精确度，进行定量研究和定量管理。系统论具有整体性、全面性、结构层次性、相关性、动态平衡性和综合与分析统一的特点，它能反映现代科学整体化和综合化的发展趋势，是控制论、信息论的重要理论基础，也是解决现代社会中政治、经济、科学和教育等各类复杂问题的方法论基础。

2. 信息论

信息论是研究信息的本质，并用数学方法研究信息的计量、传递、变换和存储的一门学科。所谓信息是指人们在适应外部环境时与外界相互影响，相互作用的内容的总称。也就是说信息是事物存在的方式和运动的状态，以及对这种方式或状态的直接或间接的表述。信息并不是事物本身，而是事物的表象，事物存在过程中发出的消息、情报、指令等包含的内容。信息具有可识别、可转换、可再生、可储存、可复制、可处理、可传递等几方面的特征。信息论的诞生和发展是社会的需要，雷达的发明、电子管的使用、计算机和通信技术的飞速发展是信息论的催化剂。

3. 控制论

自从1948年诺伯特·维纳所著《控制论：或关于在动物和机器中控制和通

信的科学》出版以来，控制论的思想和方法已经渗透到几乎所有的自然科学和社会科学领域。维纳把控制论看作是一门研究机器、生命社会中控制和通讯的一般规律的科学，更具体地说，是研究动态系统在变的环境条件下如何保持平衡状态或稳定状态的科学。“控制”的定义是：为了“改善”某个或某些受控对象的功能或发展，需要获得并使用信息，以这种信息为基础而选出的，于该对象上的作用，就叫作控制。由此可见，控制的基础是信息，一切信息的传递都是为了控制，进而任何控制又都依赖于信息反馈来实现。信息反馈是控制论的一个极其重要的概念。换言之，信息反馈就是指由控制系统把信息输送出去，又把其作用结果返送回来，并对信息的再输出发生影响，起到控制的作用，以达到预定的目的。

系统论、信息论、控制论从总体上深刻地揭示了事物运动的特性和规律，它不仅适应现代科学技术发展的客观要求，而且对科技的进步，社会的发展都会产生巨大的推动力，对人类进一步认识和改造世界有着深远的影响。系统科学的理论和方法对教育技术学的形成有重要的影响。系统科学已经被广泛应用于教育各个领域、各个学科，逐渐出现了以信息论为基础的“教育传播学”，以控制论为基础的“教育控制学”，以系统论为基础的“教育系统学”，“三论”在教育技术上的综合应用已经发展为目前的“教育技术学”。以系统科学为指导，从总体上把握高等教育和教育技术的发展规律，研究教育信息传播的规律，研究为实现教育目的而对教育内容和技术系统控制的规律，最终都是为了达到教育的现代化，实现教育的最优化的目标。

（二）教学理论

教学理论是研究如何组织教学过程中的各中要素，使教学达到最优化的理论。教学过程是指教师教学与学生学习的过程，学习有学习理论，教学当然也离不开教学理论，教学理论是一门研究教学客观规律的科学。从 17 世纪 30 年代夸美纽斯发表的《大教学论》，到 20 世纪 30 年代的斯金纳的程序教学理论、布鲁姆的教育目标分类理论、“掌握学习”理论和形成性评价理论、加涅的信息加工理论，再到 20 世纪后半叶奥苏贝尔的先行组织者理论，这一系列理论都对教育技术产生了重要的影响。在教育全面现代化的环境下，教学技能的发展研究是教学理论的重要组成部分，而与建构主义学习理论密切相关的现代主义课程观，对广泛利用现代教育技术组织教学具有重大意义。现代教育技术要求我们形成与之相适应的教学形式，这种形式要从以“教师为主体”的教学向“以学生为主体”的教学的转变。在课堂上，教师要引导学生利用先进技术手段，发挥主观学习意识，结合自身的思考独立的解决问题。

（三）学习理论

学习理论是探究人类学习本质及其形成机智的心理学理论。它重点在于研究学习的性质、过程、动机以及方法和策略。学习理论主要行为主义学习理论和认知主义学习理论等。

行为主义学习理论主张研究人类的外显的反应。早期的行为主义心理学认为，学习是在刺激情景（S）与有机体的反应（R）之间建立联结的过程。学习的结果表现为特定刺激与特定反应之间联结（表述为S—R）的建立。这种观点，支持了视听教学中用媒体不断呈现信息来进行教学的模式发展。认知主义学习理论认为，学习是由有机体积极主动地形成新的完整的认知结构的过程，是复杂的内部心理加工的过程。学习的结果是形成反映事物整体联系与关系的认知结构，目的性、过去的经验、背景知识和智力水平等对学习的影响非常重要。

以信息加工理论为主的认知心理学20世纪50年代后期占据了心理学主流地位，对教学理论与技术有很大的影响，使媒体教学应用从强调设置重复的信息呈现发展到通过精心设计学习工具，来影响学生内部的信息加工过程。认知心理学的问题主要是，它的分析单元是个体脑内部的心理活动。然而在20世纪80年代以后，传统认知科学的两个目标受到质疑：其一，试图将复杂行为还原为一连串的简单行为；其二，在说明信息加工的神经机制时，试图将人类思维还原为神经生理学。这使它容易忽视学习发生的社会因素与活动情境影响，忽略学习过程中对个人来说非常重要的主观差异。建构主义产生的心理学基础是认识主义心理学内部的反思，当代建构主义者则融合了皮亚杰自我建构和维果斯基社会建构的观念，并有机地运用到学习理论中来，在此基础上提出了“意义建构”，主要观点如下：

（1）学习是学习者主动地利用感觉吸收并建构意义的活动过程，是学习者同外部世界相互作用的过程。

（2）学习是一种社会性活动，学习者同他人的交流起着非常重要的作用，人际间的会话与协调是产生学习结果的重要因素。

（3）学习是在一定情景中发生的，不能离开实际生活而在头脑中抽象出虚无的、孤立的事实和理论。

（4）学习的发生要借助先前的知识，在一定的资源和工具支持下进行。

（四）视听教育理论

在20世纪30～50年代，视听手段相继引入教学领域，人们从视觉教育和听觉教育的研究逐步转向众多视听媒体的综合应用研究。其中比较著名的是戴尔在40年代所概括的“经验之塔”理论。戴尔的“经验之塔”把人类的学习经验分为直接经验、替代经验和抽象经验三大类，并按抽象程度分为十个层次。它对现代教育技术的指导作用可以概括为：

(1)“经验之塔”最底层的经验，是最直接最具体的经验，越往上层，则越趋于抽象。但并不是说获得任何经验都必须经过从下到上的阶梯。也不是说下一层经验比上一层更有用，划分阶层，知识说明各种经验的具体与抽象的程度。

(2) 教育应从具体经验入手，逐步过渡到抽象。有效的学习方法应是首先给予学生丰富的具体经验。只让学生强制性的记忆概念和法则，而没有具体的经验作为后盾，教育的目的是不会达到的。

(3) 教育不能停滞在获取具体经验的阶段，而必须向抽象化阶段过渡，把具体经验普遍化，并且上升到概念，只有清晰了概念才可以指导实践。

(4) 在教育教学中，应该尽量为学生提供各种教育手段以便使知识更加具体化、直观化，从而提供更深刻的直接经验来获取更好的抽象经验。

(5) 位于“经验之塔”中层的视听教具，它比语言、抽象符号更能为学生提供较为具体，易于理解的经验，它打破了时空的限制，能弥补学生直接经验的不足。

戴尔的“经验之塔”理论对视听教育的发展起着重要的推动作用，视听教育理论阐明了视听教育的规律，及各种视听教育媒体在学习中的地位和作用，对我们如何开发和利用教育媒体具有重要的指导意义。

现代教育技术应用的理论基础是重点内容，有了准确完善的理论做指导才能使我们在研究应用过程中事半功倍。因此，要对应用的理论基础有准确深刻的认识，才能使其在高等教育中发挥出更大的作用。

三、研究性体育课程的多媒体教学手段

现代信息技术的发展加快了教育技术的发展步伐，多媒体和高速智能化网络的综合应用将成为各个学科教学的发展方向。研究性体育课程寻求多媒体教学技术支持将是未来的发展目标。根据认知工具理论，借助外部的认知工具可使学习者的思维活动外化，有利于高级思维的教学监控；而同时合理设计和使用的外部认识工具能激活认知和元认知策略，从而促进反省思维。显然，新兴的多媒体教学技术提供的专业数据库软件、数据分析处理软件等可成为理想的认知工具。研究性体育课程的信息发展以多媒体教学技术的综合应用为主要特征，而综合应用的前提是以现代教育技术理论与实践为指导进行课程和教学设计。

（一）研究性体育课程多媒体教学手段的特征

研究性体育课程的多媒体教学模式以建构主义的认知工具理论为基础，具有以下关键特征：

1. 要求学生承担研究任务，并从自己参与的研究中学习

所谓“自己参与”是相对于传统教学中学生旁观者的角色而言的。例如，学生研究体育领域中的科学问题与他们阅读这些问题的材料、听有关的讲座、完成操练作业是不同的，但是它并不等于学生必须动手操作。因为，体育学科的活动性和实践性特征对学生的科学研究活动产生诸多限制，譬如与高水平运动训练紧密相关的运动人体科学、运动心理学等科学研究活动对于学生来说难以企及。另外，科学研究还意味着用事实来支持观点、信念，传统的经验主义立场认为事实是自我表达的内容，这就很容易造成一种错觉即科学研究仅是通过观察和实验或其他途径积累信息；该教学手段主张用事实支持思想而绝非是用事实来代替思想，学生开始提出创新观点和思路，再围绕思路开始搜集、整理信息，对于信息的针对性、连贯性和认识深度同样是学生创新素质和认知水平的体现。

2. 合理使用多媒体教学技术

体育科研也是一种具有很强针对性和连贯性的整体探究活动。保证这一过程整体性的就是连续的思考。通过演绎或推理对连续关系的揭示和强调，也就是杜威反复强调的反省思维。我们在学生进行体育科学探究的过程中引入多媒体教学技术，以不打断连贯的研究活动尤其是思想过程为前提。多媒体技术是体育科学探究的推进器而不是干扰器，学生根据自己思路对问题连续关系的探究行为不应该因某种技术的引入而中断或转移。多媒体教学技术在该教学手段中的作用在于帮助学生研究的问题更明晰、使学生的探究行为更易于发生、促进高级思维活动。作为认知工具，学生借助它可以更灵巧、有效地工作。同时，工具在熟练者手中会更有效，因此要求学生不仅需了解并掌握工具，更需熟练运用工具。总之，多媒体教学技术不能削弱或危及体育研究型课程的探究特质。

（二）研究性体育课程中多媒体教学手段的实施策略

从目前研究和教学实践来看，在研究性体育课程实施多媒体教学没有现成的参考示例。但是本研究具有前瞻性，探讨在研究性体育课程中实施多媒体教学需要注意的实施策略。

1. 选定合适的研究主题

进行多媒体教学涉及各种媒体信息的采集和处理工具的支持研究，这种教学

手段本身虽然与内容无关，但是研究主题的选定必须满足一定的条件才能真正具有教育意义。所以，教师应选定必须是基于探究的、能自然地整合各种研究工具的主题，而且还要满足以下条件：满足学生发展的需要和兴趣，即对于学生而言是有意义的；应足够宽泛以便学生能形成具体的个人（小组）研究方向；应反映社会问题和科学逻辑，使学生能从体育课程与研究主题相关的体验中学习。符合这些条件的研究主题一般是从体育课程的核心内容和目标中衍生出来的、与学生密切相关的、具有一定挑战性且需要长时间集中精力工作的跨学科任务。

2. 保证研究的科学性

研究的科学性不仅反映在采用的方法上，反映在从事研究的科学态度里，而且还反映在研究的最后“产品”——研究报告中。这要求教师在学生研究方向确定后提供的一系列的研究指导中把握好一个“度”——帮助学生采用类似专业人员的研究方法而决不越俎代庖、粗暴地干预学生自主探索的研究进程，不片面追求所谓“唯一正确”的结果而抹杀“求真”的科学精神。对一些诸如运动人体科学之类的体育科学与自然科学的交叉科学为主题的“硬科学”研究项目来说尤为如此。由于“硬科学”一般存在一个可预测的结论，教师不应将之强加给学生。相反，当预期结果不能出现时，应引导学生反思以揭示某些看似微不足道的因素对最终结论的影响。对于一些以体育社会学为主题的“软科学”的项目来说，教师应确保学生研究的自由度，重点关注他的方法、途径、策略、观点的创新度。研究报告的科学性体现在：数据的可视化演示、对科技文献要点的关注、对不同发表形式（报告、口头演说、论文、电子发布）间差异的关注、完整的研究文档。

3. 合理确定教师的作用和任务

教师在教学过程中必须始终进行密切的教学监督，例如，和学生就研究的问题、困难、解决办法、现有发现等进行讨论，使研究框架、要找的资源和术语明晰，帮助学生建立适当的研究策略模型。随着研究的推进，还应鼓励学生采用通用的应用软件如数据采集软件、数据库软件、文字处理软件、图形处理软件、编程软件等科学的数据处理数据收集、分析数据、解释数据之间的关系，形成关于个人项目的一些观点，并最终撰写和提交研究报告。此外，研究的科学性并不是一个绝对的概念，可考虑学生由年龄、研究能力的递增而逐渐降低项目中“趣味性”“竞争性”等激励动机因素逐渐向更严肃、更科学、更合乎专业人员工作方式的方向转变，从而逐步提升教学方案的“科学性”。

向学生提供使用各种多媒体信息工具的指导。例如，信息搜集工具（光盘、在线专业数据库、搜索引擎等）的使用方法、计算机建模方法、数据处理如最优化的编程方法、智能模拟等。这种技术上的支持和指导是该教学手段的基本组成部分，随研究的展开学生必须借助相应的工具。教师既可以采用集体讲授、班级练习的方法向全班引入某种新技术，也可以在学生需要的时候进行个别辅导。

4. 学生心理能量的激发和维持

体育活动的趣味性特征和体育科学研究活动均能促进学生内在动机，但在研究过程中保持动机和兴趣，对于学生来说尚有困难应在实践中实行以下策略来激发和维持学生的心理能量：

（1）举办定期论文研讨会、成果展览会；

（2）为学生提供成果发表的机会和支持，物质上和精神上同时激励；

（3）为学生的科研成果向实践转化提供帮助，鼓励学生进行深入的实践研究。举办科技发明讲座、设立体育创新特别奖和科研转化基金。我们也可以进一步通过舆论宣传向学生提出明确的挑战，使他们富有责任感，在完成开放性研究项目过程中不至于失去方向而一无所获。“成功”既是最好的报偿和奖励，也是最好的导师。

（三）面临的主要问题

1. 研究性体育课程无法在体育教学中大规模展开

研究性体育课程不可能全部囊括体育文化成果。因此，核心课程与体育研究性课程内容的关系，以及核心课程采取这种多媒体教学手段如何与传统教学有机结合是必须解决的问题。

2. 教师继续教育的问题

这种教学手段必然面临教师控制力减弱的困难，而在传统的结构化体育教学中是不存在的。研究主题多与学生密切相关，研究进程难以估计，教师不仅要提供技术上的支持，还要帮助学生克服随时可能遇到的困难，因而对教师的要求更高。这就要求必须科学、合理地安排教师的继续教育问题，使教师的包括信息素养在内的专业素养得到持续进步。

3. 具体的具有可操作性的设计方法和实践经验欠缺

如何巧妙地设计课程使之既具有智力上的挑战性、不超过学生能力发展范围，又能渐次引入多媒体教学技术，如何保证各研究项目按一定的序列前后承接、具有发展性等一些课程教学设计中的具体问题都有待解决。

第三节　现代化教学手段在高校体育创新教学中的应用

将现代化技术运用到课堂教学中是正在尝试进行的一种教学手段，但体育教学与其他学科的教学有着明显的不同，体育教学更加侧重实践教学，但是在信息技术的发展下，体育教学也开始运用多媒体进行教学。本节将介绍我国多媒体教学在高校中的应用以及在体育教学中的应用。

一、国内现代教育技术在高等教育中的应用方法

（一）多媒体课件的开发和使用

教学的多媒体课件是基于计算机技术，并与软件开发技术相结合，根据教学目标的要求，包含大量多媒体信息、教学内容、生动形象的教学系统[①]。目前，我国高等院校的多媒体教室普及率已经达到了百分之百，应用多媒体的课程也达到了百分之八十以上。尽管我国在课件开发方面与发达国家相比起步较晚，但目前由于形势的需要，发展速度还是很快的。该项目的发展主要是基于国家和学校的重视和计算机知识的进一步普及，多媒体课件是高等教育目前主要应用的现代化教育手段。

1. 运用多媒体课件的优点

1）信息量大、速度快、课堂效率提高

多媒体教学系统能够及时提供教学信息，为教学提供充足的内容。在互动中及时测定、评价学生的学习情况，提供及时的反馈和强化。教师在课堂上节省了大量用于板书和对情境描述的时间，学生节省了对抽象概念构造和联想的时间，大幅度地提高了教学效率，在有限的课堂时间可以尽可能多的讲授知识。

2）使教学内容与形式多样化

现代教育技术的使用实现了教学形式的多样化，教师不仅可以在课堂上使用计算机网络、多媒体技术、广播电视等传统知识，还可以通过网络与媒体等与学生和其他同行之间进行多种形式的交流和互动，及时的解答学生提出的问题；学生也可根据学习需要上网搜索信息、观看网络教学音像视频，使学习突破课堂时间和授课地点的局限。

---

① 董旭晖，王海娜．浅议现代化教学手段在体育创新教育中的运用［J］．体育世界，2006（7）：40－41.

3）有利于实现个别化教育

高等教育培养的是多样化的人才，由于所学专业的不同和自身水平的差距，高等教育不同于初级教育的群体式的教学方式。为了更好地发挥学生的特长，高等教育实现个别化教育，除了专业的个别化教育之外，还有个人的个别化教育。当然由于我国高等教育师生比例的失调，一对一的个别化教育难以实现。由于现代教育技术带来了计算机网络媒体技术，学生可以在网上学习更多自己感兴趣的知识，并针对学习中的问题及时与教师进行交流互动，解答疑难问题，丰富所见所闻，不断将自己的知识面横向与纵向延伸，成为时代所需要的复合型人才。

4）有利于开展研究性学习

高等教育积极倡导提高学生的研究学习能力和独立创新能力，我国目前正处在改革与发展关键时期，具有创新科研能力的人才是促进科技发展的关键。高等教育担任着培养最高水平科研人员的重任，因此在现代化建设方面必须走在时代前沿。计算机多媒体的应用使学生更方便地掌握当前的研究信息，提供了更多独立操作的机会，有助于提高独立发现问题、分析问题和解决问题的能力，为学生进行探索性、研究性学习提供了良好的条件。

2. 网上多媒体教材的发展与教学应用

随着计算机处理信息能力的不断提高，人们对计算机产生了更多的依赖，对计算机网络以及网络间的数据传输能力提出了高要求。网络的发展势必对传统的教育形式提出严峻的挑战。终身教育和自娱教育将成为教育、教学概念的主体。同时计算机技术及其相关技术的发展，尤其是多媒体技术、网络通信技术的巨大发展，为多媒体网络教育提供了有力的物质保障。南国农教授指出："远程教育是现代教育传播技术和学习理论、教育理论、传播理论相互综合发展，应社会需求而产生的一种新型的教育模式。"在这种教育模式中，教师与学生之间的物质实体相互分离，以学生为中心，运用现代传播媒体技术来传递和反馈教育信息，以求最大的教学效益。网上多媒体教材具有多媒体化、资源全球化、学习自主化、不受时空的限制等特点。同时除了考虑多媒体教材的基本性能和结构，更强调软件的横向联系，注意内容选择上的共性，使之真正实现教育资源的网络化。

（二）网络应用和网络教学

随着科技的发展，网络教育的应用已成为现代教育技术在教育应用重要的方面。根据当前形势的发展，网络教育的使用是高等教育发展的必然趋势，因为越来越多的大学生通过网络的方式接受信息。所谓网络教育，即在网络环境下，以现代教育思想和学习理论为指导，充分发挥网络的各种教育功能和丰富的网络教育资源优势，向受教育者和学习者提供一种网络教和学的环境，传递数字化内容，开展以学习者为中心的非面授教育活动。

网络教育是远程教育的现代化表现，远程教育是一种非同时同地进行教育的形式。迄今为止，远程教育经历了三代历程：传统的远程教育、广播电视远程教育和网络教育。传统的远程教育首指函授、刊授教育。最早的函授教育起源于1840年的英国，当时英国速记法发明人伊萨克·皮特曼通过邮寄方式教速记，教育界一般就认为这便是世界函授教育的开端。广播电视远程教育起步于21世纪60年代，近二十年来网络教育发展迅猛。网络教育是伴随着计算机网络的产生而出现的教学形式，目前大多数高校都已建成了以光纤为主干的校园网，并接入互联网，为学校提高教育技术应用水平提供了良好的基础条件。教师可以根据自身的需要便利的检索各种信息，掌握先进技术。学生也可以通过互联网进行网上学习、网上选课、网上测评等，并通过互联网及时地了解学校的最新动态。

目前，校园网资源多数用于信息的搜索和交流层面，学生没有形成统一协调的网络应用。个别学校也在网络上进行教案管理、教务管理、选课、排课等，但多数还是用于信息的交流和沟通。网络教学只是个别行为，并未形成完善的网上教学系统。

（三）计算机辅助测试

在传统的教学中，教师为了准备一个测验，要考虑到学生的实际学习情况；测试的范围和试题的难度，是否能达到评价学生程度的要求；测试的时间长度如何才最符合要求；题型的构成是否科学。基于这些考虑，教师开始从被选择的测验题目中，构成单独问题或成组的问题。一般情况下，构成一个测验对教师来说是一种手工处理方式。对于每一个新的测验，不同类型的教师，都要从头开始重复整个过程。为了减少准备过程，教师们年复一年地保存测验题目。现如今，使用计算机辅助测验，测验的构成与传统测验的构成是一样的，但整个过程得到相当大的简化和改进。计算机能够按要求随机构成试卷，无论是题型的搭配、分值的分配，还是时间的确定，都是十分精确的。

测验发送过程作为一个独立的系统时，必须包括测验构成和题库，只是题库中的题目可少些。这种独立系统适用于课程的单元测验。如果有足够多的计算机终端系统可以使用，则可以通过终端对学生进行测验，这样做存在以下优点：

（1）计算机具有强大的数据系统，可以把大量的试题存储在极小的空间中，节省了传统的试题保存空间。而且可以根据要求迅速搜索想要的试题信息，节省了人力和物力。

（2）因为计算机系统能支持在线测试，学生可直接上机答题，这样又避免了打印试卷的费用，在线答题又可以节省教师发卷、收卷的时间。

（3）通过计算机辅助测试可以更快速地给出标准答案，判卷的速度快速准确，节省了大量的教师判卷时间。

目前已经有很多大型的水平考试都使用计算机辅助测试系统。例如，计算机等级考试、普通话考试等都趋向于使用计算机测试系统。日常计算机测试练习可以有效地避免考试的紧张感。

但是，目前的计算机辅助测试也有很多缺陷，主观题的判断存在一定的不公平，例如，考试中计算出现故障容易影响考试的公平；不能根据学生答题的情况判断知识掌握的程度等。目前，不断发展的计算机辅助测试系统正在逐步地改善这些问题。

（四）试题库应用

各高校目前比较重视试题库建设，普遍地建立了课程试题库。海量的试题信息存储为教师和学生的使用提供了便利条件，但也存在一些不足，主要体现在：

（1）各学校之间的发展情况不均衡。有的学校对全部课程包括基础课和专业课都建立了试题库，也有的学校仅有少数课程建立了试题库，总体的情况是应用程度良莠不齐。

（2）形式内容比较单一，绝大多数试题库都是收集以往的题目，以组卷的形式出题，学生在长期的使用过程中可能会逐步摸索规律，达不到测试的目的。

（3）题目更新不迅速，试题类型比较陈旧，不能紧跟教学重点的转移而更新。

（五）网络信息资源的应用

目前，关于信息资源的含义存在不同的解释。但归纳起来主要有两种：一种是狭义的理解，认为信息资源就是指文献资源和数据资源或各种信息的集合，主要包括文字、声像、电子信息、数据库等，这都是限于信息本身的特点。而广义的理解认为，信息资源是信息活动中各种要素的总称，它既包含了信息本身，也包含了信息相关的人员、设备、技术和资金等各种资源。在高等教育中目前运用较多的是狭义的理解。当今科技发展的速度一日千里，由于学习和研究的需要，我们要尽可能多地了解专业发展的情况。信息就是当今世界最宝贵的财富，谁掌握了信息谁就获得了发展的先机。高等学校早已意识到了这一点，为了方便教师和学生对信息资源的使用，多数高校出资建立了数字化图书馆、网络资源平台、交流平台等。不仅如此，今天研究的学术问题越来越多的需要探讨和交流，不仅要加强各个学校之间的联系，有些时候还要进行国际的合作，发达的计算机网络为这样的互动提供了方便。随着学生对信息量要求的增大，一个更广泛、更便利的交流平台必将被建立起来。

二、现代化教学手段在体育教学中的优势与发展

21世纪是一个高度国际化、科学化、多元化的知识经济时代，如何满足时代要求培养具有创新精神和实践能力的创新型人才已成为社会各界瞩目的一个课题。随着教育现代化的脚步的加快，计算机技术已走进校门，进入体育课堂。计算机集文字、图形、图像、视频等多媒体于一身，是一种全新的教学手段。把多媒体教学引入体育课堂，可以将教学过程与娱乐融为一体，通过直观、形象、生动的感官刺激，给学生造成一种身临其境的感觉，达到培养学生获得知识信息的能力、创造性思维能力及创新实施能力的目的，从而完善学校体育创新教育。

（一）现代化教学手段对传统体育教学模式的冲击

随着现代科学技术的发展，传统的体育课堂教学模式不可避免地受到冲击，并必然会被现代的教学技术所取代。采用现代化的教学手段能使教学内容由平面到立体，由静态到运动，由文字到声音图像，将极大地增加课堂教学的主动性和趣味性，极大地调动学生的学习热情。计算机和多媒体教学的运用，又可以使体育课堂教学发生深刻的变化，它可以培养学生主动获取知识、运用知识和处理知识的能力，它可以创造超时空的课堂，它给课堂教学带来的将是教学领域突破性的变革。

1. 传统体育教学手段的不足

从多年的教学实践上来看，传统的体育教学手段有三个不利因素影响体育教学。

第一，教师的年龄、特长和喜好影响教学内容的选择。每个体育教师在具体安排教学时，总是把自己喜欢的、擅长的内容安排得较多，而对自己不喜欢、不擅长的内容安排得很少或完全不安排。长此以往使学生学习兴趣不断下降，没有兴趣，没有创造性想象，也就没有探索与创新，势必影响学生创新精神的发展，这种现象在传统体育教学模式中是普遍存在的。

第二，动作技术难示范影响教学进程。在体育教材中有很多腾空、高速、翻转的技术动作，示范难度大，很难让学生建立一个完整的动作表象，这也是传统体育教学模式中的一个难题。

第三，传统的教学手段不利于学生的身心健康发展。传统的体育课教学模式单一，程序化多、灵活性差、机械呆板、枯燥无味，造成学生学习情绪低落，制约了体育课对学生心理健康的疏导作用，不利于学生心理健康发展。

2. 现代化体育教学手段的优势

在体育教学中合理地运用现代化教育技术，对于优化教学情境、激发学生的学习兴趣、调动学生学习的积极性并且对于突出教学重点、突破教学难点有事半功倍之效。在体育教学中，多媒体教学手段犹如一座架设在学生和体育知识技能之间的不可替代的桥梁，具有举足轻重的作用。

第一，运用多媒体能有效地激发和调动学生的学习兴趣。多媒体可将一些枯燥的教学内容和一般传统教学所不能达到的艺术效果，有机地结合、创作，使原本单调、平淡的课堂教学变得十分新奇、巧妙和生动，从而激发学生的创新意识和调动学生学习体育的浓厚兴趣。

第二，运用多媒体，能有效地影响学生多方面的智力因素。在制作多媒体课件时，恰当引入一些动画、录像，以启发学生由眼前的景象，联系生活实际想象可能发生的变化，从而加深对眼前景象的认识，培养学生的创造性思维。

第三，运用多媒体，能有效地提高技能课的授课质量。利用多媒体向学生讲解动作原理和生理基础，把学生对动作的认识由感性认识提高到理性认识。同时制作课件的过程也加深了教师对各项技术的理解和认识，提高自身的知识水平和讲解技术要领的能力，从而使整个技能课的授课质量得到质的飞跃。

（二）现代化的教学手段在体育创新教育中的运用途径

体育创新教育，即结合体育教学规律，根据有关创造性发展的原理，运用科学性、艺术性的教学方法，培养学生的创造意识、创造能力和健康个性，培养创造性人才的一种新型教学方法。在体育教学中实施创新教育就要结合现代化的教学手段对现行的传统体育教学模式进行创造式的改革。

1. 多媒体教学与传统体育教学相结合

现代体育教学方法由两部分组成：一是普通教育系统，另一种是媒体教学系统。这就说明传统教学手段和多媒体组合教学手段在整个教学过程中无高低之分，多媒体组合教学作为一种新的、有效的教学手段，虽然有着许多优点，能弥补传统体育教学中的不少缺陷，但并不是样样都优于体育传统教学手段，它也有自身的缺陷，需依靠传统的教学手段来弥补。合理选择和运用现代教学媒体，并与传统教学手段有机组合，共同参与教学全过程，以多种媒体信息作用于学生，形成科学的体育教学过程，培养学生的创新精神、创新能力。

2. 体育教师转变教学观念，提高现代化教学仪器的操作能力

多媒体教学是否能成为体育教学的重要教学手段的关键因素是体育教师的信息素质。体育教师由于客观原因往往对计算机接触的不多，在上课的时候都不太愿意利用多媒体进行授课，感觉多媒体授课与他们平时所用的教学手段有所出入，总认为多媒体教学是其他学科的教学手段。然而事实证明，通过多媒体辅助教学往往比教师的示范讲解更直观、更生动、更易被学生接受。运用多媒体技术一方面可以提高学生的学习兴趣，使学生易学易懂，印象深刻；另一方面能够促进学生运用科学的方法主动从事身体练习。因此，体育教师需加强对自己信息素质的培养，尽快提高现代化教学仪器的操作能力。

3. 充分利用现代化教学仪器，激发学生的学习兴趣

体育教师可以利用理论课的空间，课前做好充分准备，了解和分析学生们的兴趣爱好，结合实际，有的放矢。通过多媒体手段将教材的知识性、趣味性、思想性融为一体，全面刺激人体各器官，能使学生轻松愉快的接受信息，避免呆板的讲解和空洞的说教。讲课应重点突出、语言简洁、图文并茂、生动形象，充分调动学生学习的积极性，培养了学生的创新意识，同时为实践技能课的模仿和练习打下坚实的基础。

4. 合理利用现代化教学课件，优化体育课教学环境

传统的体育教学存在着理论课知识较抽象，文字、材料、插图单调，实践课动作技术强，结构复杂，学生理解吃力，模仿不得要领的问题。现在可以利用多媒体把理论和实践知识有创造性地制成投影片，并与视频中的部分镜头有机结合起来，形成完整技术动作，通过慢镜头或定格的方式逐渐展现在学生面前，逐次讲解各个分解动作，抓住重点，讲深、讲透，让学生在屏幕上清楚地看到所需掌握动作的技术要领，增强理解深度，激发学生喜爱的优秀运动员、运动项目模仿学习的兴趣。通过多媒体创设教学环境，以动静结合，声像合一的形式，使学生从感性认识上升到理性认识，再用理性认识指导实践，从而有效地调节教学结构。使课堂教学的创造性、实践性、趣味性、应用性得到进一步加强，学生学习获得事半功倍的效果。

总之，我们需要突破传统教学模式，解放思想，拓宽思路，让创新精神走进体育课堂，走进新课程。体育教师应积极地掌握多媒体制作技能，来弥补传统教学手段的不足，从而实现体育教学的现代化。现代化教学手段虽然不能作为体育教学的主要教学手段，但只有发挥现代化教学手段的优势，正视现代化教学手段的实用价值，才能合理、正确的实施创新教育，促进体育创新教育的发展。

第四章　高校体育教学模式的创新发展

第一节　高校体育教育模式的创设

习近平总书记在十九大报告中提出："坚定实施科教兴国战略、人才强国战略。培养造就一大批具有国际水平的战略科技人才、科技领军人才、青年科技人才和高水平创新团队。"创新人才和创新团队成为我国国家建设和社会发展的必由之路，也是新时代国家教育发展的宏观目标与重要战略性决策，也是高校体育教育本科专业发展的必然趋势。随着我国体育事业的快速发展，国家对体育人才的需求不再局限于具备体育技能的专业人才，而是要具备创新创造、依靠科技的力量改变运动训练以及依靠科学的管理、完善的制度实现体育人才管理，体育的发展越来越注重科学和技术。因此，体育教育本科专业创新人才要以课程体系和教学内容为切入点，以创新人才为核心，夯实学生的基础专业知识与专业技能，尊重学生的个性发展，突出学生的创新意识与创新能力的培养。

一、体育教学模式的相关内容

（一）体育教学模式的概念和理论结构

关于教育者乔尹斯和韦尔在《教学模式》（Model of Teaching）认为："教学模式是构成课程和课业、选择教材、揭示教师活动的一种范型或计划。"① 此后，国内外的众多研究者对体育教学模式的概念进行了多样的界定。综合各种对教学模式和体育教学模式概念的界定，并对上百种体育教学模式研究结果进行了分析，得出：

（1）任何体育教学模式都是根据特定的体育教学思想和理论指导下提出来的；

（2）体育教学模式的主体是教学过程和相应的教学方法；

---

① 张爱兰．新课程理念下的高中体育创新教学模式探究［J］．考试周刊，2016（14）：106－107.

（3）各个体育教学模式的不同主要反映在其教学过程结构的不同设计；

（4）教学模式的空间定位主要是教学单元，其次是教学课程。

因此，体育教学模式是在某种体育教学思想和理论指导下建立起来的体育教学的程序，它包括相对稳定的教学过程结构和相应的教学方法体系，主要体现在体育教学单元和教学课程的设计和实施上。

体育教学模式概念由三个基本要素组成，即教学指导思想、教学过程结构及相应的教法体系。这三者的关系是：教学过程结构是支撑教学模式的“骨架”；教学方法体系是填充教学过程的“肌肉”；而教学思想则是内含在“骨骼”与“肌肉”中，并起到协调和指挥作用的“神经”。教学指导思想（神经）体现了教学模式的理论性；教学过程结构（骨骼）体现了教学模式的稳定性；教学方法（肌肉）则体现了体育教学模式的直观性和可操作性。

例如，“发现式教学模式”提倡启发学生发现并思考问题，发展学生认知能力是其教学模式的指导思想。这一指导思想决定了该教学模式的性质、研究方法和效果评价；然后要根据这个思想建立一个具有“让学生发现和解决问题”的教学过程结构，即“设定问题—提出假设—验证学习—集体讨论—提出答案”的教学过程，该过程是单元的过程，由相应的课程来组成；之后，还需要用一些相应的教法来填充和丰满这个教学过程，如设问的方法、提问的方法、提供思考线索的方法、组织学生进行验证问题的方法、组织学生讨论的方法等。

当上述三个基本要素都具备时，这个教学模式就基本形成了。换言之，只有具备了体育教学思想的“神经”、教学过程基本结构的“骨骼”和教学方法的“肌肉”时，体育教学模式才算是真正建立起来了。

（二）体育教学模式的基本属性

据各种先行研究，归纳提出体育教学模式的六个基本属性：理论性、稳定性、直观性、整体优化性、对应性和可评价性。

1. 理论性

所谓理论性是指任何一个比较成熟的体育教学模式都必定反映出某种体育教学指导思想，都体现了某个教学过程理论的教学程序，换言之，只有以明确的教学指导思想和理论作为基础的教学模式，才有可能比较完善和清晰？因此，体育教学模式对教学思想及理论的依存关系，形成了教学模式的理论属性。

2. 稳定性

一个体育教学模式的确立实际上是一个新型的体育教学过程结构的确立。既然是结构，就必有一定的稳定性。所谓“教学模式”，是指无论在什么时候运用这种教学，其基本的程序不应有大的变化（当然根据学生的情况和教学条件的变化做些细微的调整是可能的）。如果某个教学模式在不同学生和不同时间运用时都要产生大的变化，那就说明该教学模式还没有真正地建立，还只是一个似是而非的教学程序模型。

3. 直观性

任何一个新体育教学模式的建立，都意味着它和以往的体育教学模式是不同的，都具有某种明显的特点和独特教学效果。如若不具备这一点也就说明它是雷同于或相似于其他教学模式。所谓新的特点和独特的教学效果一般都体现在整个教程安排的特殊结构或某个特殊的教学环节上，因此，应该是很明确的。这就使人们可以根据其特定的教学环节和独特的教程安排来判断是否属于此种教学模式（直观性），这个特性还可以使人们通过设置其独特的教程或特定的教学环节来重现该教学模式（可操作性或可重复性）。

4. 整体优化性

一个新的体育教学模式的形成意味着一个教学系统的改变，即在某个新的教学思想的指导下，将教材化工作、教学过程设计、教学方法的选用以及教学评价方法的选定相结合，组成一个全新的教程，因此，一个新的体育教学模式的形成必然产生一个教学程序的整体优化，并由此产生更好的教学效果。倘若只有某一局部的改变而没有整体的优化，则表明并未形成一个成熟的体育教学模式。

5. 对应性

任何一个体育教学模式都不是万能和绝对的，都具有一定的特殊功能和特点的教学过程，因此，它一般有大致的适应范围，如适应什么样的教材、什么样的学生、什么样的场地设施条件等。各个体育教学模式的特点不同，其对应的范围也会有不同。

6. 可评价性

所谓可评价性是指任何一个相对成熟的教学模式确定，必有着与其整个过程相应的评价方法体系。对体育教学模式的整体性评价，既体现教学模式的教学价值观，也体现体育教学组织过程的可行性。因此，任何一个教学模式都应可以对实施这个教学模式的教师给予明确的教学评价，这不仅是对该教师、对教学模式理解程度的评价，而且也是对教师参与、认识和学习能力进行的评价。

二、当前体育教育模式的现状及研究方面存在的不足

（一）我国传统体育教学模式现状特点

与国外相比，我国体育教学模式的整体特征是形式多样，功能单一。虽然现在体育教学领域也出现了种类繁多的教学模式，如愉快体育教学模式、成功体育教学模式、合作竞争体育教学模式等。这些在国外也许是极为有效的教学模式，但是在我国都没有超出传授体育知识和技能这一窠臼，即便是传授的方式有变，但学习体育知识和技能的根本目的没变，其先进之处不过是为某一种教学模式提出了更多的教学目标，但这些目标能否实现却是值得怀疑的。因为我国具有传统的整体性思维方式，使我们往往寄希望于通过一个过程达到所有的目标，而不善于通过多种途径实现各自的目标或进行分门别类的研究，因此也造成各模式间的大同小异、分工不明、特点不突出。总而言之，我国的体育教学模式有以下几个特点：

1. 功能单一

在我国，传授体育基本知识和动作技能的教学模式几乎占据了所有的体育课堂，成为唯一实用的固有模式。教学以体育知识和技能的传授为主要目标和着眼点，忽视了学生体育能力和个性的培养。人们习惯地认为学习知识和发展能力，二者是同一的。其实知识学习和认知发展是统一于一个过程之中，而不是“如果A，那么一定B”的关系，即A是B的充分不必要条件。如果知识的教学对认知的发展还有一定的功效，那么对社会性品质的培养，对情感意志和心理健康的发展，却收效甚微，而专门用于培养这些个性品质的教学模式目前还未成型。

2. 模式之间的特征不明显，针对性差

我国体育教学模式的特点是每一个教学目标都没有与之相对应的教学模式，从而使目标显得遥不可及，仅是模版。而各种新建立的模式似乎都具有相同的功能，能完成所有的目标。每一种模式大致都遵循着同样的教学过程：提出课题、激发兴趣—教师引导、学生练习—教师评价、信息反馈。模式的结构相对单一，而目标却非常全面。既要完成知识、技能方面的目标，又要完成情感、个性和行为方面的目标，这就产生了模式的功能与教学目标之间的矛盾。要解决这一问题，最有效的途径是改变原来仅以动作技能的传授为目的的教学建模原则，以学生能力、个性的发展为目的建立自己独特的教学模式，使个性的发展与教学模式相互映射。

3. 模式理论性强，操作性差

理论性强表现在理论上建立了多种模式，但不能运用于实践。能运用的也只是针对传授动作技能的目标，而其他目标的实现却异常困难。现在，人们也试图建立培养体育能力、发展学生个性等体育教学模式，但这些模式的可操作性差，仅停留在理论构建的水平上，缺乏具体的操作步骤。因此，运用起来随意性较大，且缺少科学的评价手段，不能形成完整的、具有反馈功能的操作系统。从其他学科“移植”，也是体育学科构建教学模式的重要方法之一，但这种“移植”却缺乏合理的改造和加工，脱离体育教学的特点，因而在教学中难于操作。

我国体育教学模式现状的形成原因简单归纳为两点：一是以“三基”（基本知识、基本技术、基本技能）为主的教学目标所决定的。这种实然的教学目标决定了体育教学忽视体育学科能力、终身体育能力的培养，不仅使模式的使用以掌握动作技能为原则，而且限制模式向多样性、丰富性方向发展。这种丰富性实际上应是产生功能的丰富性而不是名称上的花样繁多。二是由我国传统思维方式的整体性、思辨性的特征造成的。整体性使体育理论工作者和实践工作者不善于以分析的方式对待体育教学目标和教学模式，因而强求模式的一模多能，造成目标和模式之间缺乏针对性。思维方式上的思辨性使体育教学模式的建构是一个构想和臆想的过程，片面重视理论设计，而忽视试验和验证的过程，因而不具实用性。要克服以上缺点，一是要以体育教学促进学生各方面发展为标准建立相应的体育教学模式，突破传授动作技能的单一性教学模式；二是以各种体育学科能力的发展为轴来组织教学内容，设计教学模式；三是应以理论与实践相结合的方法为指导，结合体育教学的特点，建立起适合我国实际的、真正实用的体育教学模式。

（二）传统体育教学模式存在的主要问题

1. 体育教学模式的理解方面存在一定的模糊性

现行体育教学模式的研究在要领和内涵方面大有不同，存在将教学方法与教学模式相混淆的倾向，而且在模式的内容、对象、方法、效果之间的关系上缺乏限定[①]。教学模式包括了教学方法，它是把教学中若干要素结合起来，形成相对系统和独立的教学单元。而教学方法是这些要素中最活跃的要素之一，教学模式的思想制约着教学方法的选用，又通过教学方法实现教学模式的思想。

① 侯松．试论大学体育教学模式的改革与创新［J］．辽宁教育行政学院学报，2009（10）：68－70.

2. 体育教学模式的应用上缺乏创造性

体育教学模式只能为参与课堂教学各因素的组合和进程提供一个简略的框架，而体育教学是有血有肉的，它既是科学又是艺术的创造性活动。近年来，随着对国外教学模式理论了解的深入，国内的一些教师将国外的一些较为成熟的具体的教学模式应用在体育教学之中，丰富了体育教学的内容，提高了教学水平，取得了一定的研究成果。但还存在某些方面的不足，如过多应用国外的教学模式，不考虑我国具体的特点；缺少自我创新，难以顾全体育教学的具体特点；在教学中应用的操作性不强，普及性差等。

3. 体育教学模式的开发方面缺乏系统性和整体效应

在大量的体育教学研究中，相当多的研究是关于体育独有教学模式的生成与改造。很多教师从多年的实践出发，研究出了许多影响较大、有特点的教学模式。但这些研究者往往把自己的研究片面地看成是体育教学方法的研究，而没有把它作为一个系统的、整体的教学模式研究对待。而且，这类研究还存在实验设计不太精确及教学研究抽象，简化性差的不足。

（三）体育教学模式发展的主体趋势

1. 向多样化或多种并存以及优化、综合化发展

在传统体育教学中，教学模式单一，具有一定的局限性。随着科学的发展，观念的更新，新的理论、新的思想不断出现，教学模式也不断得到丰富和完善。国内外出现了各式各样的教学模式，呈现出多样化的趋势，不同的教学模式相互促进，发挥各自特有的功能，为体育教学实践提供了选择教学模式的广阔空间。目前的体育教学模式呈现出百花齐放的势态，主要包括技能掌握模式、快乐体育模式、成功体育模式、小群体体育模式、发现式模式、情景教学模式、社会体育模式、程序教学模式等几十种模式。虽然这些诸多的体育教学模式给体育教学注入了新的生命和活力。但由于种类繁多，有必要对诸多的体育教学模式进行整理、简化、优化，使之具有更好的操作性和灵活性，已有学者和实践者开始反思和重视这方面的研究，可以预见，该研究将会不断地深化。

2. 从生理改造走向生理、心理、适应能力并重模式

长期以来，体育教学的传统模式只强调了体育教学在增强体质中的作用，片面的追求学生生理机能的改造，而完全忽视了心理因素的研究和学生社会能力的培养。体育教学有助于学生健康心理的培养、心理障碍的消除、社会适应能力的提高。21 世纪的人对健康的要求，不仅是生理的要求，更是生理、心理、适应

能力的综合要求。体育教学模式将跨出单一的生理模式，向生理、心理、适应能力并重的模式发展。

3. 对学生的单一评价模式走向综合评价模式

传统的体育教学模式对学生学业的评价采用统一的考核标准和尺度，不考虑学生的个体差异及主观努力程度。从表面上看似乎十分的客观、公平，但实际上具有较大的片面性，忽视了学生的体育基础、进步幅度、努力程度。对先天素质优秀的学生，不必努力就可得到优秀分，缺乏激励的作用；对先天体质较差者，虽然在努力下也很难达到优秀、良的等级，在很大程度上打击了他们学习的积极性，从而影响了体育教学的效果，影响了体育教学目标的实现。为了避免这些不良因素的影响，评价模式必将发展为综合模式，从主观、客观、进步幅度、起点等诸方面全方位进行评价。

4. 教学模式的发展越来越强调学生在教学中的主体地位

当代教学模式注重学生参与教学过程的能动性和积极性，强调发挥学生学习的主体作用。例如，成功体验、快乐体验、主动学习、终身学习和协同学习等学生学习的教学思想相继出现，这些新的教学思想都十分注重充分调动学生参与教学过程的主动性和积极性，极大地促进了教学模式的改革朝着“人本主义”方向发展。教学的着眼点逐渐从教师的教授上转到学生的学习上。这足以说明教学模式发展重心开始转移。

20 世纪 80 年代以来，师生在体育教学过程的地位和作用发生了深刻的变化。随着学生主体地位的确立、师生合作关系的形成，传统教学中的“教师中心论”逐渐被现代教学论的“教师主导学习主体论”所取代。反映到体育教学模式的发展中，就导致了由“教师中心”教学模式向“师生、生生合作”，强调学生主体地位的教学模式的发展变化。如成功体育教学模式、群体教学模式等，其鲜明特征就是有机地统一“教”与“学”的活动，注重调动学生参与教学过程的能动性、积极性。在教学过程中各类信息的传递方式由学生的单向行为，扩展为教师与学生之间、学生与学生之间、学生与周围环境之间的多向行为，而且都努力实现真正地将学生置于学习主体的地位，注重研究学生的学习方法，注重学生自我学习能力的培养；教学过程既注重教师的教法，更注重学生的学法，面向结果的教学与面向过程的教学并重。

5. 体育教学模式日益现代化和科学化

当代出现的一些教学模式多与一定的理论和科学相联系，例如，心理学、社会学、系统论、信息论等科学。教学模式注重运用现代科学技术的新成果，特别是心理学、社会学、系统论、控制论、人工智能和电子技术的应用，电子计算机的辅助教学越来越受到重视。随着新的体育教学思想或理论的不断涌现，体育教学模式也朝着现代化和科学化方向前进。

6. 以发展学生的能力为基点，突出了教学的发展性

突出教学的发展性，这是体育教学方法改革和教学模式构建的一个基本特征。现代体育教学给予学生的不只是知识、技术、技能，更重要的是赋予学生接受体育教育的兴趣、动机和能力，懂得体育的价值，形成体育意识，使之朝着“快乐化、生活化、终身化”的方向发展，这是当代体育教学模式的时代特色。例如发展学生个性教学模式等，都无一例外地将培养学生的能力放到了至关重要的位置上，积极地探索如何发展学生的智慧能力，掌握科学的思想方法，创造性地运用体育知识，都直接为发展学生的智力、培养学生的各方面能力服务。

(四) 体育教学模式研究中存在的不足

我国开展有关体育教学模式的研究已有数十年，在理论层面上，许多问题已逐渐清晰，对概念含义和模式构造也逐渐趋向统一。但是，在实践层面上，关于体育教学模式的探索仍然比较混乱，许多教师按照不同的理解，甚至是个人的想象去进行着教学模式的探索，因此，不可避免地存在问题。

1. 对体育教学模式概念缺乏统一的理解

许多教师在探索前并未对体育教学模式定义进行认真的思考，因而，有的教师把体育教学模式理解为教学思想，如“终生体育教学模式”；有的教师把体育教学模式理解为目标，如“发展运动能力的教学模式”；有的教师把体育教学模式理解为教学风格，如“乐趣教学模式”等。

2. 对体育教学模式缺乏空间上的定义

体育教学模式探索往往对时空定位不清，有的教师把教学模式理解为教学方法或课的样式，如“体育教学中学生自主学练”；有的教师把教学模式理解为单元教学过程，如“学导式教学模式”；还有的理解为是一个学段的课程的样式，如“高中模块制教学模式”等。

3. 缺乏对体育教学模式适用对象的界定

概而论之，体育教学模式应主要对应某一类教材或某一个年龄阶段。例如，“情景教学模式”不太适合大学生和技术性很强的教学内容，而“问题发现式教学”也不适合小学低年级学生和浅显的活动教材等，但有些对体育教学模式的探索忽略了这一点。

4. 缺乏体育教学模式建立机制的研究

很多教师用浅显的经验总结出名目繁多的体育教学模式，而体育教学模式须经过怎样的程序才能研究出来？研究体育教学模式的科学步骤有哪些？却少有教师关注，这导致了对体育教学模式内在规律性的认识不够。

5. 缺乏对体育教学模式的合理命名和科学分类

当前许多研究者和教师对教学模式的命名很随意，采用的名称也很不规范，如“走向大自然，创体育教学新模式”“21 世纪体育教学方法模式”等，这些教学模式命名不规范的背后是缺乏对体育教学模式分类研究。

三、体育创新教育发展的制约因素

（一）教师创新教育观念、知识、方法问题

创新型的老师，培养出创新型的学生。由于诸多因素的制约，从体育师资队伍素质的整体情况看，主要表现在文化基础相对较差、进取精神不够强、缺乏创新精神、自我意识不够强等。体育教学中单纯传授知识，限制创新思维发展的现象仍然存在。但从意识变革到真正实现变革，还存在距离。缩短这个距离，研究、探讨实施创新教育的方法和策略，就是首先要解决教师自身在缺乏创新意识、创新能力和创新理念问题，不断丰富创新教育理论、知识、方法，否则培养创新人才就是空口而谈。此外，教师在创新教学实践中，要不断掌握新信息、新动态，理顺思路，澄清认识，改变传统的体育教学对体育教师素质的要求，为体育创新教育，奠定良好的创新基础。

（二）体育教育创新的内容

体育创新教育的内容广泛，包含教育理论的创新、教育模式的创新、科研方法的创新、教学内容、方法、手段创新、评价机制的创新、体育实践活动创新、学校体育竞赛形式与方法的创新、运动训练技术的创新与战术创新、健身方法的创新、体育器材的创新等。

（三）学生的认知与经验

学生在体育活动中实施创新活动，须具备一定的体育基础知识和相关学科知识的认知以及知识迁移的能力或经验，这是发展创新思维、实施创新活动必须具备的条件。因此，体育创新教学中要精选和适当补充教学内容，运用阅读、电

视、影像、观摩等多种教学手段，加强学生对体育知识与相关学科知识的了解。

（四）思维定式

思维定式对于个体的创新思维起阻碍作用，教师要在教学中设法加强学生思维灵活性的训练，通过适当的引导、启发，摆脱原来的定式状态，帮助他们克服思维消极影响。

四、高校体育创新教育模式的构建

高校体育创新教育模式的构建可以采用“教师引导”“实践体验”“环境熏陶”三位一体的教育模式，这就改变了传统的高校体育文化隐性的单一传播模式，这个模式主要有四个特点：一是把显性的教育和隐性的教育结合起来；二是要把教师的引导和教授作为高校体育文化建设的基础；三是要把学生对肢体运动和体育人文活动的参与作为重要的环节；四是创设良好的校园体育文化氛围，让学生在潜移默化中感受和领悟体育精神、体育道德、体育规范。

这种三位一体的高校体育文化创新模式实际上是把教师的教导、学生的领悟和实践，以及外在环境的熏陶结合起来，形成一个系统的全方位的体育文化教育过程。这个模式一方面符合体育文化的教育规律，另一方面遵循体育文化的传播规律，重视学生的体育精神教育与实践并重的方针，有利于学生内外兼修，言行一致。

（一）更新学校体育的指导思想

教育思想的转变是全面实施创新教育的前提，我们必须改变传统教育思想中不适应时代发展的价值观、质量观、人才观，真正从思想上由“专才”教育转变为“通才”教育，变接受教育为创新教育。当今的学校体育比较注重学生在校期间的身体、心理、技能的培养，忽略了社会的需求。教学方法单调，教师统一要求，无暇顾及学生的感受和对运动乐趣的体验，未能充分发挥学生的主体作用。学校体育应以“健康第一”为主导思想，逐步变传统技能教育的思想为注重学生全面发展的思想，以促进学生德、智、体、美、劳全面发展为宗旨，把运动技能、技术教学与发展身体结合起来，重视对学生体育能力的提高，培养学生在各种条件下进行体育锻炼身体的能力和习惯，把学生培养成符合社会所需要的、身心协调发展的、具有创新能力的人才。

（二）体育教学创新教育模式的构建依据

体育教学创新教育模式主要是基于以下三点：第一，体育教学创新教育模式代表了世界古今教育之精华，特别是经过多年的实践，证明了它们是最具有推广价值的成功的教学方法。第二，自学是从学习者本人出发，是领先学习者的主动性、积极性和创造性的有效学习方法。课堂讨论是双向交流，营造一种自由民主的氛围，以达到激励灵感和产生新思想的目的。科学研究是学习的最高境界，它不是为了掌握现成的知识，而是应用已有的知识去创造新的知识。这三种教学方法的共同特点是创造，是与“三中心（教材为中心、教师为中心、教室为中心）”的灌输式的教学法根本不同的。第三，体育教学创新教育模式既反映了教学内在的联系又符合认识规律，提出和解决问题的过程。课堂讨论是在教师的指导下，选择自学中提出的有代表性、启发性问题，依靠集体智慧，展开自由讨论，以达到既解决问题又训练思维方法的目的。科学研究是学习的最高阶段，在课堂讨论的基础上，选择那些有研究价值又具备研究条件的难点和疑点，深入进行研究，获得新的发现和发明。

总之，体育教学创新教育模式分别代表三种学习的方法，它们既是独立的又是相互联系的。同时，体育教学创新教育模式又代表三个学习的阶段，由初级到高级，一环扣一环，一步比一步深入。运用组合思维方法，把它作为体育教学的创新教育模式，以挑战“三中心”的“传授知识—接受知识”的旧模式。

（三）具体实施

学校教育是有目的性、方向性和计划性的，高校体育文化创新教育模式是学校教育的分支，因此其具体的实施也要从教育目标、教育内容、教育方法和教育评价等方面进行研究。

1. 教育目标

高校体育文化所蕴含的顽强拼搏的精神、规范有序的公平竞争精神以及自我超越的积极进取精神，对于大学生来说都是非常重要的。因此，高校体育文化教育的目标就是要促进学生道德品质、情感意志、遵守规范等非智力因素的发展，要促使学生积极主动地把体育精神落实到日常行为中，要提高学生的文化素养，健全其人格，升华其精神，成为一个全面发展、综合素质较高的优秀人才。只有这样，才能在走出校门之后，能够很快适应社会，成为对社会有用的人才。

2. 教育内容

文化包含的内容很多，主要有制度文化、精神文化和物质文化。主要是指有关体育的精神、价值、规范等非理性的体育文化。体育文化教育的内容主要包括以下三个方面：一是品质教育，例如，顽强拼搏、勇于挑战、不服输、刚毅果断、沉着机智等优秀的品格。品质教育主要在于培养学生的独立性、果断性和坚定性的坚强意志；二是道德情操教育，例如，热爱祖国和人民的家国情怀、坚强不屈、自尊自爱的民族精神、高尚的道德品质等等。道德情操的教育主要是完善大学生的人格，使大学生拥有良好的道德感、审美感和理智感；三是规范教育。规范教育主要是让大学生在训练和比赛中养成遵守规则的行为。例如，诚实守信、公平公正、尊重理解和团结协作。总之，体育文化的教育主要围绕大学生的性格、品德、体育或者体育运动本身的规则。

3. 教育过程

高校体育文化教育主要是发展学生的个性品质，而且要把这种教育融入日常的行为中去。高校体育文化的教育和其他科目的教学一样，有自己的教育目标，并且通过各种的教育活动来实现这个目标，其教育的主要形式是实践。体育文化的教育虽然是一种非运动技能的教育，但是它又蕴藏于运动技能的教育中，所以教育过程会更加的复杂。高校体育文化的教育过程是：体育课、体育课外活动、运动竞赛的学习实践，在此基础上，要对体育中蕴藏的精神有感性认知上的体验，然后在校园体育文化环境的氛围中进行领悟和内化，最后运用在实践中，这就是高校体育三位一体教育模式的教育过程。体育课、体育课外活动等实践活动需要教师在组织这些活动，在教授运动技术的时候，能够同时注意对学生各种精神的凸显和培养。例如，当学生已经非常累的时候，教师可以鼓励学生要坚持，要吃苦耐劳；当学生遇到困难的时候，要告诉学生勇于克服困难，要顽强等。在教师的引导下，学生在实际行动中，践行教师的教育，同时也深深感受到在体育运动中需要的这些精神品质。高校同时还要把这种体育文化彰显出来，通过标语、讲座、各种比赛活动进行宣传，使得高校能够深深地浸润在这种文化氛围中。长此以往在不断地强化和熏陶下，这种体育文化精神就会深入学生的骨髓，会不自觉地在学生的行为中表现出来。

4. 教育方法

在高校体育文化的教育中，教育的方法既存在有形的，也存在无形的。例如教育者对学生讲解体育理念、体育知识、体育技能，在体育课或者体育课外活动中进行引导和点拨等，这些教育形式，对学生的影响都是有形的；而教育者通过自己的暗示、示范、感染等教育方式进行的教育活动则是无形的。所以在高校体育文化创新教育模式中，教师的教育方法是有形和无形的结合。

5. 教育平台

高校体育文化教育的一大特征就是它是一种精神塑造的过程，其依赖的载体在体育课堂、体育课外活动以及比赛等。一方面，体育文化的教育内容是很抽象的，教育要素复杂多样，教育环境比较复杂；另一方面，体育文化还与心理教育、德育教育，以及社会教育等有紧密的关系，教育过程持久，影响效果也很长远，所以高校体育文化的教育必须有相应的教育平台。教育平台主要有体育课堂、课外体育锻炼与运动竞赛、体育人文活动、校园体育环境等。体育课堂通过教师的讲解和身体力行，使学生认识到体育文化的内涵，这样才能为之后的体育精神实践打好基础。课外体育锻炼与运动竞赛，主要是通过肢体运动、竞技参与等让学生能够感受到体育文化，并能够有机会实践体育精神。体育人文活动是通过让学生参加各类体育人文活动，来积淀体育人文知识，领悟体育精神。校园体育环境是通过校园体育环境的熏陶，感染，来培养大学生的体育精神，内化、提升体育素养。

6. 三位一体教学模式

三位一体的教学模式通过教师的引导、学生的实践体验、学校的环境熏陶对大学生进行体育文化的教育，这种模式把有形的教育引导与无形的感悟熏陶结合起来，把教师的教育引导和学生的学习实践结合起来，从而提高了教育的效果。高校体育文化三位一体的教学模式的构建具有十分重要的意义，它是高校体育文化传承与发展的需要，是改善学生体育精神与行为剥离的现实需要，是实现高校体育课程多元化目标的需要。

7. 管理评价

高校体育文化三位一体教育模式的实施效果需要通过评价的方式进行。高校体育文化教育主要是通过对学生非智力因素的教育、影响、培育来实现体育文化的教育价值。因为学生的道德品质、内化情况、个性等都是很难通过量化的方式进行考评的，体育文化教育的效果也是很难进行测量的，所以目前高校体育文化教育管理的评价主要靠定性来评价，客观性和科学性并不是很强，但是管理评价又是高校体育文化三位一体教育模式整个体系的重要组成部分，因此评价体系的研究是需要进一步研究的重要问题。

五、培养创新人才的途径

体育创新教育侧重培养学生们的创新思维和创新意识，让学生们不再桎梏于传统的体育教育层面，进而培养新型体育创新人才。通过研究，本书从理论与实践两方面阐述培养体育创新人才的途径。

1. 理论层面

理论层面包括学校体育思想、学校体育功能和学校体育目标。

1）学校体育思想

目前，我国学校体育思想正处在一个多种思想互相交融的发展时期。无论是体质教育思想、技术教育思想、快乐教育思想、全面教育思想，还是终身教育思想和健康教育思想，都是在以人民为中心的前提下，根据学生个人生存发展的需要，结合当今社会对人才的需求，从学生的体育兴趣入手，从学生体育知识、技术、技能的学习掌握着手，以学生终生享有健康为目的，最大限度地激发学生的主动性。在此过程中，学生体育的规律，好好地把握学生体育的特点，科学遵循大力倡导情景诱导法、游戏法、挑战性练习法、集体比赛法、小群体学习法等，培养学生的创新能力，积极促进学生身心和谐发展，实现学校体育育人作用。

2）学校体育功能

健身功能是学校体育的本质功能，教育功能、娱乐功能和社会功能是学校体育的主要功能。要实现创新体育的构建，就应紧紧抓住学校体育的主要功能，充分发挥学校体育的教育功能、娱乐功能和社会功能的作用，根据不同年龄段学生的身心特征，以及社会时代的要求，精心组织教学，深入钻研教材教法，合理选择练习形式，灵活运用分组教学、小组教学、主动式学习等，给学生留有自主学习的空间和机会，扭转学生喜欢体育活动而不喜欢体育课的现象，让每个学生能够体验到运动学习的乐趣，使学生形成学习的热情和创造性。

3）学校体育目标的设计

在学校体育目标的设计上，既要体现时代特征，又要充分反映出学生个人的身心特点，使每个学生都有一个针对自己条件的努力目标，来帮助学生建立自信激发学生学习的积极性和创造力，积累小的成功体验大的成功，为学生今后走向社会在知识和能力方面打下良好的基础。

2. 实践层面

实践层面包括体育教学、课外体育活动、课余体育训练和课余体育竞赛等。

1）体育教学

体育教学是开展创新教育的主要环节，教学思想更新、教学计划的设计、教学目标的执行、教学内容的展开、教学方法的运用、都是创新教育的具体体现。

2）课外体育活动

“健康第一”的指导思想应在高校学生教育管理中贯穿始终，引导学生积极广泛的参加课外体育活动、课外锻炼项目，通过主题活动等方式吸引、调动广大学生积极参与，营造良好的校园体育文化氛围。在抓好体育课程教学和改革的同时，学校同样重视学生的课外体育活动，按照《全民健身计划纲要》和《大学生体质健康标准》的指导精神，广泛开展丰富多彩、形式多样的学生课外体育活动，使学生每天都能安排一定时间用于体育锻炼。具体体育课外活动如下：一是，蓬勃发展学生体育社团。学校应该积极扶植和支持各单项体育协会和社团的发展，为学生经常性体育活动打下良好的组织基础。二是，持续不间断的开展校内比赛。为了提高体育教学效果，应该深入、持久、蓬勃地开展课外体育教学活动，学校定期或不定期地举办各种体育竞赛活动，争取实现"周周有活动，月月有比赛"。例如，组织全校运动会、篮球、排球、足球、冬季长跑、广播体操、跳绳、拔河比赛等，竞赛中不断提高体育技能。三是，培养学生裁判队伍。培养学生裁判队伍不仅促进校园中院系体育比赛活动的进一步开展，同时对学生能力的培养也起到积极作用。

课外体育活动是实现学校体育目标的重要组织形式，也是实施创新教育的重要环节。灵活的体育活动形式，宽松的体育活动氛围，丰富的体育活动内容，多样的体育活动方法、手段，都是创新教育的内容。课外体育活动这些特点，不仅使更多的学生参与到课外体育活动中来，还能使学生个体得到自由的发展，充分调动学生的积极性，激发学生的创新意识，逐步提高学生的创新能力。

3）课余运动训练

加强户外体育运动的组织。户外运动作为当下最流行的运动之一，可以促进心肺功能、提高弹跳力、提高力量素质、提高柔韧素质、提高灵敏性素质、提高耐力，愉悦身心，因此高校可以组织学生参加户外体育运动。如登山，学校可以依靠区域内的资源优势，吸引学生参与登山活动，培养学生参加体育锻炼的意识。经过户外运动的考验，学生会保持一种良好的心态，用全新的方式去迎接学习和生活中的挑战。

运动训练是学校体育的一个重要组成部分，它是在普及的基础上，选拔出来的体育人才，通过科学系统的训练提高自身素质和运动能力，以达到提高、带动、普及的作用。学校课余运动训练作为学校体育的一个窗口，创新教育是实现学校体育目标的需要，是学生运动员进步、发展的需要，更是社会转型时期对人才质量的要求。在课余运动训练中实施创新教育，能起到带动作用，达到普及提高的目的。

4）体育竞赛活动

形式多样、内容丰富的竞赛活动，可以全面推动学校体育教育的开展。体育竞赛是实现创新教育的最好形式。体育竞赛的竞技性、观赏性、娱乐性、团队性、创新性等特点，拓展了体育的空间，展示了体育的精神。通过体育竞赛活动的开展，不仅使学生的体质得到增强、健康水平得到提高、体育能力得到培育，而且使学生的思想品质得到升华。

第二节　高校体育创新教育模式的基本内容

一、高校体育创新教育教学模式的概述

（一）确立体育创新教育观

转变旧的体育教育观，确立体育创新教育观是构建体育创新教育教学模式的前提。确立体育创新教育观，就要实现“三个中心”的转变。一是实现由以体育教师为中心向以学生为中心的转变，正确处理体育教师与学生的关系，确立以学生为中心的体育教育主体观，使学生“成为他们获得的体育知识和运动能力的主人而不是消极的知识和技术的接受者”。二是实现由体育课技术学习为中心向运动能力为中心的转变，正确处理体育专项技术和理论知识与运用各项运动技术能力的关系，确立以运用各项体育技术能力为中心的教育质量观，培养学生体育技术的实践能力、战术的思维能力、观察能力判断能力和技术创新能力。三是实现由以体育技术课堂为中心向以创新性思维学习为中心的转变，正确处理传授性体育教学与自主性学习的关系，鼓励学生自觉地开展研究性、实践性、创造性学习，确立新的大学生学习和发展观。

（二）建立一结合、双互动、三对接的体育课程结构

优化体育课程结构是构建高校体育创新教学模式的基础课程。优化体育课程结构要坚持两个原则，一是与专业相结合的原则来设置课程，二是整体优化原则来增强课程的整体功能。课程类型多样化是当代社会发展和基础教育课程改革的必然要求，是自然科学与人文科学整体综合化趋势的体现，是使学生形成合理的素质结构和培养鲜明个性的需要。为了增强课程整体功能，提高课程育人的成效，我们认为可以尝试建立“一个结合、双向互动、三元对接”的课程结构。“一个结合”就是必修课与选修课相结合，要加强选修课的课程建设，在增加选修课比例的同时努力提高选修课的品位与质量。“双向互动”就是教与学的互动，重点是确立学生在教学中的主体地位促进学生自主创新学习。“三元对接”即第一课堂、第二课堂、第三课堂（或称显性课堂、校园文化、社会实践）的体育教育目标和内容的对接，建立三者之间密切的横向联系和良性的互动机制。

（三）重点：构建多维互动的体育课堂教学模式

所谓“多维互动”，即改变过去体育教师独占课堂、学生被动接受的单一的体育教学信息传递方式，促成体育课堂教学中师生、生生、群体等多向互动局面的出现。多维互动的体育课堂教学模式大体可分为问题研究式、实践操作式、集体激发式、授道解惑式等，各类体育创新性教学模式各有其特殊的具体操作规律，但是都必须共同遵循主体性、开放性、挑战性的原则。首先，要贯彻学生的主体性原则，让学生成为课堂教学的主人，让体育课堂教学焕发出生命色彩，充分调动学生学习的积极性、主动性和创造性。其次，要贯彻开放性原则，体育教学内容不拘泥教材，学生在课堂教学中的学习心态是开放的，不局限于体育教师的教学视野。再次要贯彻体育创新性原则，允许并鼓励学生质疑问难，发表与教师、体育课本不同的意见和观点，激发学生的创新潜能。

（四）难点：建立体育课堂教学与校园文化活动的互动机制

校园文化是一种隐蔽课程，它以课程展开的暗示性、习惯过程的愉快性、效果显现的长期性，在学生终身体育的培养和体育专项的塑造中有着不可替代的作用。如何建立校园文化活动体系和体育课程体系，并形成良性互动的机制，是构建体育创新教育教学模式的难点。

（五）保障：建立符合创新教学思想的体育教学质量评价体系与体育教学管理模式

体育教学质量评价体系要符合体育创新教育的思想，必须以“全景式”评价代替“管窥式”评价，以全面发展评价观代替“精英教育”的评价观，就必须改变传统的单一体育评价模式，在体育教学评价时不以固定的模式限制和束缚教师体育教学中的创新活动。必须以学生发展为体育评价目标，让学生成为体育评价的主体，将体育评价作为体育教学活动的一部分，使评价真正成为体育创新教育的“发动机”。体育教学管理模式要符合体育创新教育思想，必须从传统的封闭型体育教育管理模式向现代的开放型模式转变，摒弃僵化保守的体育管理手段，积极创建健康有序、宽松和谐、开放高效、激励上进这种有利于创新型人才脱颖而出的体育管理机制和育人环境。

二、体育教学创新教育模式的结构

在教育模式研究的基础上，构建的体育教学创新教育模式是一种“组合式模式”，由三部分组成的三个学习阶段。第一个是自学或独立的学习，是由学习者自己完成学习的一种方式。第二个是课堂讨论，指大学生在指导下进行课堂讨论的一种形式，有时也指讨论式的课程。第三个是科学研究探索指学生在学习概念和原理时，教师只是提供一些事例和问题，让学生自已通过，观察实验、思考、讨论、听讲等途径去独立探究，自行发现并掌握相应的原理和结论的一种方法。

三、实施体育创新教育模式的原则

（一）探索性原则

探索各种有利于实现创新教育目标的教学模式，充分运用各种有效的教学方法与手段使体育教学和体育活动富有探索性，营造学生发现情境，调动学生学习的主动性、探索性。

（二）主体个性原则

学生是学习的主体，在教学活动中，要优化教学环境，多方面引导学生，鼓励学生的兴趣和爱好，欣赏学生与众不同的想法，尊重学生的独立性和创造性，发展学生个体特长，促进学生的个性发展，形成有利于创新的学习氛围。

（三）合理性原则

教师的教案设计新颖，教学富有创意，能有效地唤起学生成长的欲望，营造学生学习过程中积极的主体心理氛围，通过评价教育，调动学生积极设想和质疑，引导学生展开丰富的想象，对学生提出的新见解、新问题，教师要进行合理评价，并促进评价结果的内在化，促进学生评价意识和评价能力的提高，使学生发现自己的潜能。

（四）动态教学原则

教学过程中，学习的课题往往是静态的模式表述，要积极引导学生对学习的课题进行实践并学会进行动态分析与评价，坚持教、学、练、评相结合，使学生善于把所学知识、技能、运用到体育实践中，在实践中深入对所学习课题的理解和研究。此外，教师要善于指导体育骨干，组织丰富多彩的课内课外体育活动，为同学们搭建开展创造性活动的平台，让学生们在实践活动中，掌握创新的方法，真正体会到创新的乐趣，使他们不断得到创新能力的锻炼与提高。

（五）综合性原则

实施体育创新教育，联系多学科内容，例如生物力学、解剖学、运动医学、物理学、生物化学、音乐、美学等，社会实际和实践要求进行营造教学宽松的学习环境，培养学生多样性和复合性思维能力。这是体育创新教育培养学生创新能力的一个重要原则。

（六）启发性原则

实施体育创新教育，教师起着引导、启发学生创新思维的提升作用，即形象思维与抽象思维、发散性思维与集中性思维、直觉思维与逻辑思维、潜意识思维和有意识思维相结合。教学过程要有不断改变的“新花样”，充分发挥学生发展创新思维的无形资源，对启发学生创造力的形成，起着举足轻重的作用。

教师的创新教学作风对培养创新型人才有直接的影响。教师要尊重学生与众不同的疑问和观念，防止学生学习的依赖思想与思维习惯，体育教学方法和手段的创新，有助于培养学生的主体创新思维、创新能力和创新素质。

四、高校体育创新教学模式构建的理论

（一）“全面发展”的教育理论是体育创新教学的理论基础

“全面发展”的教育理论包括三个层面，一是马克思主义的全面发展观，二是教育方针中提出的全面发展观，三是教育学上所指的身心全面发展观。其中，马克思主义关于人的全面发展学说，是创新教育的最根本的理论依据，而教育方针提到的德、智、体等方面全面发展和教育学上提及的学生身心的全面发展，与马克思主义的全面发展观的精神是一脉相承的。

在马克思主义看来，个性的发展是人的全面发展的重要前提，“每一个人都无可争辩地有权全面发展自己的才能”，因此，“人的全面发展”与“人的自由发展”是辩证统一的，也是相互促进的，只有充分具备自由发展的条件，才可能实现个人的全面发展；只有个人普遍得到全面发展，人类才能真正获得驾驭自然界和人类社会的自由。这些重要观点为体育创新教育的实施提供了理论指南。

（二）“三个面向”的教育思想是体育创新教育的思想灵魂

1983年我国提出“教育要面向现代化、面向世界、面向未来”的重大命题，指出了新时期我国教育改革和发展的基本方向。“面向现代化”就是要接受现代

化的挑战，并将现代化的要求转化为教育改革的实际方向，将教育发展纳入现代化过程中。“面向世界”是观察世界，与各国交流进而参与世界体系的互动过程。“面向未来”意味着一种双向审视，一方面是站在今天预计未来的各种可能性；另一方面是站在未来某一点上判断我们今天的位置与去向，并以未来的眼光设计我们今天的行动。从“面向现代化”到“面向世界”，再到“面向未来”，构成了一个变革和创新的行动逻辑序列，向我们启示了构建体育创新教育模式的方向，为体育创新教育的实施确立了战略纲领。因此，“三个面向”的思想是体育创新教育的思想灵魂。

（三）“以人为本”和“健康第一”的教育理念是体育创新教育生成与发展的精神动力

“以人为本”的教育理论是以马克思主义关于人的学说为指导，以古代儒家的“人本”教育思想传统为根基，接受、改造西方现代人本主义教育思想而逐渐形成的。其核心就是尊重人、爱护人、相信人和培养人，其主要内涵在于发现人的价值，发挥人的潜能，发展人的个性。“以人为本”的教育命题现在已引发了人本教育论、主体教育论、个性教育论、内化发展论、活动教育论等重要分支理论体系的迅猛发展，引发人才观、教学观、质量观、课程观、师生观等教育观念的转变，就是着力培养学生的创新精神和实际能力。习近平在听取科技部汇报时的讲话中指出：“人才工作很重要，科教兴国、人才强国、产学研结合等，都与教育工作紧密相关。教育在培育民族创新精神和培养创造性人才方面，肩负着特殊使命。”

在 21 世纪，加强对大学生创新精神和实际能力的培养，是我国体育教学改革的重大课题。因此，在普通高校体育课程中培养创新精神，就涉及优化创新人才成长环境，以及在各阶段体育课程的教学内容、组织实践等相关环节中创新意识、发展能力、培养综合素质的一系列问题。在过去“技能—体质—人才”模式的基础上创新，真正体现“健康第一”的指导思想；在改变过去健康仅仅指身体健康观念的基础上，真正体现心理健康与个性完善，思维敏捷；在过去体育课设置的基础上，增加趣味性强的项目以及民族体育项目等。实践证明，“以人为本”和“健康第一”的教育理念为体育创新教育生成与不断发展提供了强大的推动力。

（四）转型发展理论是推动高校体育创新教育发展的重要外部条件

所谓转型发展，即一个国家既要实现体制的转换，又要实现经济的发展。中国的发展正处在一个转型发展的典型时期。转型发展产生了一系列值得探讨的问题。经济转型引发社会变革和教育的转轨，迫使人们在人才培养问题上，不断更新观念，并提出新的对策。为了满足经济转型发展和社会可持续发展的需要，为了解决教育所面临的各种挑战以及自身发展中产生的各种问题，必须全面推进创新教育。同时也是求生存、谋发展的必然选择。因而，转型发展理论也是体育创新教育的重要的外部条件因素。

五、体育创新教育研究的分类

(一) 群众体育创新教育研究

群众体育是中国体育运动发展的支柱，是关系着中华民族身体素质的头等大事。而对 21 世纪的发展，如何大力开展群众体育的创新活动，深入贯彻“全民健身计划纲要”的第二期上程，努力提高人民健康水平，是创新教育的宗旨。应从“纲要”的二期目标为指导，进行群众体育基础理论的创新教育；群众体育活动方法多样化、效益性的创新教育；传统体育的挖掘与创新；群体竞赛活动的创新；体育与预防医学紧密结合的创新；对国民体质监测、评价的创新；群体活动器材设备的创新等诸多方面的创新教育研究。

(二) 竞技体育创新教育研究

竞技体育是在全面发展身体，最大限度地挖掘和发挥人的体力、心理、智力等方面的潜能的基础上，以提高运动技术水平和创造优异成绩为目的的训练竞赛活动和育人夺标过程。它可振奋民族精神、塑造国家形象、丰富人们的文化生活、促进国际交往。它是一个国家综合国力和科技发展水平的标志杆。在竞技体育领域里应从突出科技含量为核心，以重视创新育人夺标为基础，深入实施我国奥运争光计划纲要的新目标。开展竞技理论创新；技术创新；战术创新；训练方法与手段创新；器材装备创新；竞赛制度的创新；医务监督与营养的创新；育人夺标竞技体制与管理的创新；各项规则的创新等一系列创新教育研究活动。

(三) 学校体育创新教育研究

学校体育是学校教育的基本组成部分，学校体育水平的提高，对于培养社会主义现代化建设所需要的合格人才具有重要意义。学校体育是我国体育的基础，是培育生长中华体育后备军的摇篮，对我国体育事业的发展具有全面性、长远性、基础性作用。学校体育的创新教育活动应以创新素质教育内容为根本。开展学校体育理论的创新；提高学生身心健康，增强体质的效益性创新；体育教学训练方法的创新；培养学生体育运动能力的创新；用体育方法对学生进行品德教育的创新等一系列创新教育研究活动。

（四）体育产业化创新教育研究

体育产业化是我国社会主义市场经济体制建立后的必然产物，其本质是充分发挥体育的产业性质来发展体育的经济功能，并反馈于体育本身，使其呈良性循环走势，追求经济效益和社会效益的同步增长，满足人们对体育需要。它主要包括向社会开放的体育场馆设施所提供的服务；供观赏的各类高水平运动竞赛和体育表演服务；为培养竞技运动人才而提供的各层次的运动训练服务；向社会提供的健身、健美、体育娱乐的知识、技术和锻炼方法的各种学习班、培训班、俱乐部；向某些慢性病患者或肢体损伤患者提供运动处方、体育医疗康复手段等。体育产业在我国正处于方兴未艾的起步阶段，是体育事业的重要组成部分。它具有对社会消费的引导力，对社会生产的拉动力，对经济发展的推进力，对社会生活方式的影响力，社会文明的作用力等特点。体育产业发展的创新教育是体育创新教育领域中不可缺少的一员。应注意体育产业化与社会化的创新教育、体育产业化体制的创新、体育产业化的管理创新、体育产业化人才的培养与创新教育、体育产业的生产创新、体育产业化经营的创新等诸多方面的创新教育研究。

第三节 高校体育创新教育模式的主要措施

高校体育教学模式是在特定的体育教育理念引领下所形成的体育教育的稳定形态。教育创新是全球教育发展的大趋势，同时也是我国体育教育发展的必然要求。创新教育是我国教育界继“素质教育”之后的又一重要研究主题，如何培养创新型高素质的大学生，已成为当今高校教学改革中的核心问题。高校体育教育应适应时代需要和实践要求，把体育创新教育作为体育教学改革的方向，把体育创新教育观作为新世纪体育课程体系和体育教学内容改革的灵魂，要渗透到高校体育教育的整个过程，有目的地培养具有创新精神、创新能力和创新人格的高素质大学生。

一、体育创新教育的重要性

（一）经济社会发展的时代诉求

时代在呼唤着创新，我国体育教育随着知识经济时代的发展，面临着新的机遇和挑战。新世纪，知识经济时代需求的人才主要类型侧重于具有可持续发展潜力的高素质创新型人才。然而，在目前的体制下，我国体育教育所培养出来的专业人才因知识面窄、专业不够扎实、综合素质不强而无法适应知识经济时代的要求，原因是创新能力匮乏，进一步究其深层原因是学生时代创新教育的脱节。

（二）高校开展体育美育创新教育的政策指引

高校从 2019 年 6 月 13 日起全面实行的由中国教育部颁发的《关于开展体育美育浸润行动计划的通知》中有这样的规定：全面贯彻党的教育方针，以立德树人为根本，以社会主义核心价值观为引领，以培养学生强健体魄和审美人文素养为核心，充分发挥高校人才资源优势，引导高校师生强化服务社会意识。因此，开展高校体育创新教育，设法提高高校大学生的创新意识，是当前普通高校开展体育美育创新教育的政策指引。

（三）高校开展素质教育的策略选择

高校开展的素质教育就是以大学生的全面发展为根本目的，以社会发展的需要为目标，以开发大学生的潜能为核心，以学生健康个性的形成根本特征的教育。而在体育教学中开展的体育创新教育，也是以全面提高学生的基本素质为根本目的，以尊重学生的主体地位和发扬学生创新精神为宗旨，因此，体育创新教育也是当前普通高校开展素质教育的重要策略选择之一。

（四）实现大学生个性发展的重要途径

发展学生健全的个性是教育面向现代化、面向世界和面向未来的基本要求之一。高校大学生对新事物也颇感兴趣，表现为好奇性、想象性、敢于冒险、敢于向困难和权威挑战等心理倾向，体育教师要抓住这一个性特点对大学生进行体育创新教育，体育教师要设法调动起大学生创新的主动性和积极性，激发大学生的创新动机和创新思维，满足他们个性发展的需求。因此，开展体育创新教育也是实现大学生个性发展的重要途径。

二、实施体育创新教育的策略

体育创新教育的最终目标是促进学生创新能力的发展，帮助学生学会学习，学会评价，学会创新思维。在教学与实践过程中，实施体育创新教育策略，对于促进学生创新能力与评价能力的提高，具有重要意义。

（一）发挥主导作用，唤起学生创新意识

教师要以情导教，充满活力，着装整洁得体，场地器材布置井然有序，给学生以美的享受；以饱满的精神状态，积极向上的态度，投入到学习中去。运用生动、形象、精炼的讲解，正确、优美的示范，和蔼可亲的教态，为学生营造一个生动活泼的学习氛围，使学生情绪得到感染，产生跃跃欲试的学习欲望，运用于教材有关的异闻趣事，讲解教学的基本知识点，通过不同形式，拓展教学的想象空间。例如，使用夸张的体态动作等不同方法，引起学生的注意，在充满趣味娱乐中，启发学生的思维与想象，学会分析问题，解决问题。教师要不断地在教学活动和交流中运用自己丰富的知识，良好的技术迁移习惯，改变学生的思维定式。

（二）以教激趣，培养创新思维

在创新教学中，重视激发学生兴趣。调动学生参与教学内容设计，参与教学评价，亲自体验丰富的思维活动，经历创新的实践过程，师生通过交流、探讨，形成体育创新教学合作伙伴关系，发展学生交流与合作的能力，培养创新思维，同时，也促进了学生价值观的形成。

由于同一个班级，学生个体素质、兴趣、需求、能力的差异，在创新教学中，实施有差异的分层教学，使每个学生个体在有限的时间里都有所收获。形成共同探讨，共同进步的自主性学习状态，优化体育课堂教学，创新教学方法，要求课堂教学质量，真正提高教学效率。教师要适时出题目、给要求、适当点拨、腾出空间、发挥自主、给予信任，鼓励和支持学生在平等和谐互动的气氛中，交流自己的观点、意见，自然地展示自己的才华，发挥自己的潜能，提高能力。

（三）组织形式多样的体育活动，培养创新能力

在创新教学过程中，不仅要让学生能够感悟和理解体育，还应要求学生主动发挥创新能力，在参与体育实践活动时，能创造性地开展各项体育活动。要注重选择以此有利于培养学生思维的教学内容，通过形式多样的体育活动，锻炼与提高创新的综合能力，帮助学生逐步掌握创新的方法，积极推动学生创新能力的发展。在各类体育活动，尤其是大型活动中，敢于把他们放在不同的岗位，甚至是重要岗位上，增强他们的实践能力，培养他们的胆识。根据教与学具体情况，设置不同类型的比赛，针对具体内容提出要求，把体育创新教育的思想贯穿到竞赛活动中去，通过有目的、有计划地组织竞赛，设立不同奖项，来调动学生的积极

性，培养学生的创造力。

实施学校体育创新教育，应着眼于塑造受教育者主体人格的培养，尊重人的本质属性，发展人的自主创新意识，鼓励和促进人的创新才能的生成和成熟。综上所述，学校体育实施创新教育，对学校体育理论的改革发展，对培养创新人才，提高民族的创新素质，具有十分重要的意义，它是社会发展的必然要求。人的素质是历史的产物，又给历史以巨大影响。在社会主义条件下，努力改善全体公民的素质，必将使社会劳动生产力不断提高，使整个社会的面貌发生深刻的变化。只有整个民族创新素质的提高，才能形成自主创新的主体，可持续发展战略的实施才有基本的保证。

三、实施体育创新教育模式的主要措施

（一）修订体育教学计划，淡化专业界限，促进学科渗透和融合

根据构建宽口径专业教育的人才培养模式的要求，按照国家新专业目录修订体育教学计划。修订培养计划时拓宽学科基础，要求学生打好各项体育专业基础，学好主修体育课程、跨专项课程。通过对原有专项课程的拓宽和改造，柔化专项的方向，实现由狭窄的对口型专项向宽口径适应型专项教育的转变。

教学内容和教学方法的创新体育教学内容要根据未来社会对人才的需求。结合当今社会发展实际以及学生身心需要进行选择。另外，要培养学生的创新精神。教师自己首先应该有创新精神，在教学内容上有所创新，不能照本宣科。在教学方法上要由过去的灌输式教育，变为启发式教育。教师在教学过程中要引导思维，不要代替思维，不是被动思维，更不要拒绝思维，这样才会培养出具有创新能力的学生。因此，教师要根据不同的情况。把学生的身心活动内容和要求、意识和动作。理论与实践等自然地、和谐地结合在一起。在教学活动中，要注意“导学”“导语”，使学生在实际学习中领悟出学法以自练为主。

在教学活动中，特别是在安排学习时。教师要把握好时机。事先确定好目标、内容、要求、步骤和方法等，关键地方要点拨，突出重点、难点，以充分体现方法。启发学生积极思维，注重创新意识的培养，例如教学生学习缠丝踢腿动作，过去老师教学时，仅做压腕、扣腕、踢腿的示范动作，让学生跟着教师练习。如果从培养学生创新意识考虑，让学生明确压腕和扣腕的意图，知道这一动作的用法、用途，使对方处于被动情况下，进行攻击踢腿。这样，才能更好地培养学生自学自练的能力。因此，教学方法的选择和教学手段的运用，既要有教育性，又要有艺术性。融益智、健身、激情和添趣于一体，使得学生在心理意向中

产生“欣赏—羡慕—向往—注意—思维—操作”等连锁式反应过程，这样，才能有效地培养学生的创造思维。

（二）建立体育课程创新体系，优化体育课程结构，更新体育课程内容

第一，要拓宽体育基础课程。在剔除一些危险的无意义的课程的同时，增开一些新颖的体育项目。第二，增加选修课，重视发展学生的个性。针对目前选修课管理中的问题，我们要在继续加大选修课的同时，全面加强选修课的教学管理。第三，加强体育信息处理，提高学生应用现代技术获取体育信息、处理体育信息和输出体育信息的能力。第四，开设各个体育项目和体育教育科研方法的课程，培养学生的体育科研能力和创造能力，培养学生将来从事体育开发、培养他人的创造性的能力。第五，要积极设计和引导校园体育文化活动，努力发挥校园隐性课程的育人功能。

由于在传统的高校体育教学模式下，高校教师过于注重基础知识的讲解，而忽略了体育技能教学的重要性，也未帮助学生养成良好的运动习惯，不仅无法满足学生的学习需求，甚至会阻碍学生的发展。如今，很多高校把体育教学的目标定得过高，在制定教学目标之前并未对学生的实际情况进行调查分析，导致高校体育教育目标的制定脱离了学生的实际情况，打击了学生学习的积极性和热情。很多高校学生认为体育课程的学习也是为了应付考试，并未真正从体育课程中感受到学习的乐趣。此外很多高校体育教师还在采用传统的体育教学方式进行教学，教学手段比较单一，而且教师未把课内教学和学生的课外锻炼结合在一起，导致很多学生未认识到体育锻炼的重要性。在传统的体育教学模式下，教师是教学的主导，学生被动的学习，教师的讲解占用了课堂大部分时间，学生练习的时间较少，学生无法真正掌握体育技能。

（三）创新体育教学方法和教学手段

鼓励教师积极改进体育教学方法：变单一的讲授法为讲授讨论、读书指导、参观演示等多种方法的灵活运用；变教师讲授为主为学生积极自学为主，变单一的知识传授为学生素质能力的全面培养。与此同时，要求体育教师熟练地掌握和广泛使用各种现代化的体育教学媒体，如多媒体教学等，使得体育教学更有效，更利于提高体育教学质量，切实做到体育教师讲课艺术化，体育教学手段多样化。

面对创新体育，高校必须认识到体育教学资源开发的重要性，不断地丰富教

学内容，完善教学体系。我国地域辽阔，不同地区具有不同的文化形式，高校可以充分利用各个地区的文化资源，在传统体育运动的基础上进行创新，让学生认识到体育运动的重要性。此外，高校体育教师还可以结合实际情况在体育教学中引入当下比较流行的健身休闲运动，激发学生的学习兴趣。

学生的创新能力与学生的独立性、自觉性紧密相连。师生关系紧张，“身顺心违”，学生的创新能力就无从谈起。美国心理学家索普指出：“师生之间的良好关系和课堂氛围，能使学生学会合作，这是学生取得更好成绩的主要原因之一。”体育教师应爱护学生，真诚地关心学生，尽力满足学生的个人需要，充分发挥学生的创造精神，培养学生的创造力，教师在指导学生学习的过程中，既要充当教学过程的导演，又要充当练习中的演员，创设类似于“超市”的学习环境，诱发学生人人参与学习的积极性，增强学生的自信心，激发学生的创造性。

（四）改革体育教学管理体制

限制过多，缺乏因材施教的灵活性和适应性是大学体育教学管理制度普遍存在的问题，不利于调动学生学习的主动性、积极性，不利于学生个性的发展。因此，对体育教学管理体制要进行相应的复杂调整。例如，学分制的完善、学生考试与成绩评定、教学过程的监控机制、教学质量的评估、教师的考核计量计酬办法等，都应从适应、支持、促进体育创新教育的角度重新考虑，加大改革力度，建立起行之有效的体育管理机制，为体育创新教育的推进创造有利条件。

教育思想的转变是全面实施创新教育的前提，必须改变传统教育思想中不适应时代发展的价值观、质量观、人才观，真正从思想上由“专才”教育转变为“通才”教育，变接受教育为创新教育。当今的学校体育比较注重学生在校期间的身体、心理、技能的培养，忽略了社会的需求。教学方法单调，教师统一要求，无暇顾及学生的感受和对运动乐趣的体验，未能充分发挥学生的主体作用。学校体育应以“健康第一”为主导思想，逐步变传统技能教育的思想为注重学生全面发展的思想，以促进学生德、智、体、美、劳全面发展为宗旨，把运动技能、技术教学与发展身体结合起来，重视对学生体育能力的提高，培养学生在各种条件下进行体育锻炼身体的能力和习惯，把学生培养成符合社会所需要的、身心协调发展的、具有创新能力的人才。

建立有利于体育创新教育实施的教育体制，是保证体育创新人才培养成功率的重要因素。应制定体育创新教育总体发展规划，大力推进体育创新成果的转化，实行创新教育奖励制度和体育创新教育基金专项管理；成立高层次的体育创新教育研究机构，研究创新教育思想、内容与方法等。逐步形成和完善自主创新，自我发展和自我约束的高效益的体育创新教育运行机制。

（五）培养体育创新型师资

体育教育的创新根本在于体育教师。高校要全面加强师资队伍建设，使每一位体育教师既具有渊博的知识，又具备高尚的师德和优秀的育人才能。要引导体育教师树立新的体育教学观念，将体育知识的传授与体育创新融为一个统一整体。要对广大体育教师进行体育教育理论与体育教育技能培训，组织体育教师进行体育教学研究，尤其要对如何培养学生的体育创造性进行重点研究。要鼓励体育教师采用科学的教学方法和先进的教学手段，特别应高度重视正在迅速崛起的多媒体教学和互联网教学在培养体育创新型人才方面的重要作用。高校教师的专业水平和综合素质对体育教学模式创新成效有很大影响。因此，高校必须认识到加强体育教师培训的重要性，由学校出资定期派遣体育教师外出参加专业化培训，丰富教师的知识储备，积累教学经验，提高自身接受新知识和新事物的能力。除此之外，高校还必须完善体育教师的奖励机制，提高体育教师工作的积极性和热情。

目前，学校体育教师在教育观念、知识结构、教学技能等方面都与创新教育的要求存在差距。全面提高体育教师创新素质，建立一支素质高、业务精、相对稳定的教师队伍已成为一项重要任务。体育教师作为学校体育工作的主导者，是创新教育的主要参与者，要培养学生的创新能力，教师必须首先成为一个富有个性和创新意识的人，只有具有创新素质的教师，才能促进创新教育的开展，只有教师自身具备不断学习提高的能力，才能使学生创造性地获取知识，形成创新能力。

第五章　高校体育教学评价的创新发展

第一节　高校创新教育评价机制的构建

以多元评价的基本理念和基本原则作理论指导，创新教育探索出了科学可行的评价机制，它包括学生综合素质评价机制、教师创新评价机制，学校教育质量评价机制。

一、创新教育的学生评价：促进学生个性发展

（一）学生综合素质评价

学生评价即学生综合素质评价，是以学生的综合素质发展水平作为评价学生质量的内容，以学生为评价对象所施加的价值判断[①]。学生评价内容由两部分构成，即学科学习目标的评价和基础性发展目标评价。不同的教育理念和不同的价值追求导致学生评价的方式方法出现差异，对学生的素质发展产生了巨大影响。

学生综合素质评价是对学生的各种潜能进行辨认、开发和激励。各种智能只有领域的不同，而没有优劣、轻重之分。每个人都是具有多种智能组合的个体，而不是单一的个体。对学生的评价不应该是关注哪一个学生更聪明，而是要关注学生在哪些方面更聪明。评价的内容应当是多元的；评价的方式应当是多维的。要通过评价，发现、促进学生特长与智慧；发展学生的综合素质。然而，当前学生评价存在以下方面的弊端：

1. 评价功能的单一

评价功能单一化是指现行的学生评价强调终结性评价，强调甄别与选拔的功能，而忽略改进和激励功能。强调甄别与选拔的功能的结果，使得“选拔适合教育的学生”成为教育的最高追求，使教育培养人、发展人的功能丧失殆尽，而升

---

① 马雪峰．吉林省高师体育教育专业学生创新能力评价体系构建研究［D］．东北师范大学，2007：14.

学与否则成为判定学生成功与否的唯一标志。实际上，教育的真正意义在于使每个人的个性在自己身心健康的基础上得到一个比较好的发展，而不是告诉学生一组枯燥无味的数字。所以说，通过对学生的评价，要使学生知道自己的长处与短处，明白怎么在自己的原有水平上进一步发展和完善自我，而不是整天想着自己的分数比别人的低一分还是高一分。最新的心理学研究表明：学生的潜能是很大的，人一生的发展是难以预料的。由于在家庭环境、启蒙教育、身心发展、个性特征、学习方法等方面存在明显差异，往往导致学生学习成绩的明显差异，这只是暂时现象。教育者的责任应该是通过对学生各方面的评价，发现学生的个性特点，根据个体差异实施不同的教育，使全体学生的潜能都得到充分的发展。

2. 评价标准的单一

评价标准的单一是指对学生的评价过分注重学业成绩，忽视学生全面发展和个体差异。只注重学业成绩在评价学生中的作用，是不符合学生的实际发展。通常的纸笔测验所得的学生成绩，仅代表学生素质中的极少部分，根本不能代表学生发展的全部。美国著名心理学家斯滕伯格就将这种成绩所反映的“智力”称为“呆滞的智力”，他认为，人的智力应该由三部分组成：分析性智力、创造性智力和实践性智力；并且这三种智力不是孤立存在，而是三种智力之间所达成的一种平衡。他认为仅凭狭窄的记忆能力和分析能力，想在生活中获得成功是远远不够的。

有人做过这样的统计，在学生时代居于前 20％的那部分学生，从业后有半数不具备什么优势。这表明，在应试教育中做得再好，往往也只能给人带来学生时代的光环。单纯的考试成绩实在不能代表学生素质的全部，也不能预测学生将来的发展方向和发展水平。通过多方面的评价，尤其是对学生解决实际问题中的表现的评价，才可能对学生的综合素质评定得更准确。

3. 评价方法的单一

评价方法的单一是指传统评价中只注重量化评价，忽视质的评价。在评价过程中，不仅学科评价采用单一的量化方法，在其他方面，例如道德品质、公民素养、个性发展、实践能力、创新能力等方面，有的学校也实行量化处理。从表面来看，处理得客观公正，孰优孰劣一目了然，但用这种方法评价学生，可以说，除了能给学生一个数字以外，几乎没有用处。人的综合素质本身就是很复杂的，况且很多的素质内容仅凭这样的量化方法根本反映不出来，如方法的选择、合作能力、情感、态度、价值观等。

传统教育中单一的功能、标准和方法，给学生的发展，特别是学生的个性发展，造成了很多负面影响。被评价者始终处于一种消极被动的地位，使评价主体“错位”，难以在评价内容、评价标准、评价过程、评价结果中表达出自己的主观愿望，学生的主观能动性始终游离于评价之外。由此可以断定：当学生意识不到学生评价中的问题的时候，评价就大有问题了。

创新教育的学生评价不仅要关注学生的学业成绩，而且还要注重发现和发展学生多方面的潜能，了解学生在发展中的需求。

（1）以“多元智慧理论”为依据，树立以学习领域为单位的对学生的综合素质进行评价的思想。人的智慧领域是多元的，每个人的强势智慧是各不相同的。学生在强势智慧领域的发扬水平，完全能够代表学生综合素质的发展水平。我们要多对学生的综合素质发展水平进行评价，可以通过学生的某个具有强势智慧特点的学习领域来进行评价。

（2）在评价内容上，要坚持“双基”评价、能力评价、个性评价的统一。“双基评价”要突出评价学生的知识视野和学生知识结构化的程度；“能力评价”要突出对学生的创新能力、实践能力和解决问题的能力的评价；“个性评价”要突出对学生的创新个性品质的评价。

（3）在评价形式上，要坚持平时的过程性评价和期末的终结性评价相结合。过程性评价可采用当前各地普遍采用的档案袋评价。当然，对档案袋的收集内容要做精心的研究，对收集到的评价资料要做到统一标准。终结性评价，即学期末的学科教学评价，要按照创新教育的标准进行改革。

（4）在评价的主要成果上，要坚持以研究性的学习成果的评价为核心。我们之所以主张以研究性学习成果的评价为核心，是因为通过对一个典型的研究性案例的全过程评价，能够反映一个学生的综合素质，特别是他的实践能力和创新素质。其中最关键的是，要对每个研究性学习的案例进行全过程的评价，包括问题的提出、资料的收集、解决问题方案的制定、问题的解决过程、结果的验证、研究报告的撰写等。此外，也要对学生在研究过程中表现出来的协作能力、社交能力等，进行评价。

（二）学生综合素质评价的模式

1. 自主设计评价模式

自我设计模式就是由评价主体（学生）依据自己的智能特点，自主判断发展状况的评价方式。传统上，在对学生的评价中，教师拥有绝对权威，并处于唯一的评价地位，对学生的评价完全教师。而在多元智能中，自我认识智能是其中的重要组成部分，因而通过自主设计，既能使学生参与到评价过程中，又能使学生在评价过程中发展自我认知智能。

自主设计评价并非由学生自己单独完成自我评价全过程，而是以学生为评价的主体，由学生在教师的指导下，发现自己的强势智能或弱势智能的组合，设计出适合自己智能特点的评价目标和可实现的途径，使自己在解决问题的过程中得到主动发展。在自主评价设计中，更要注重来自同伴、教师、家长、社区人士的意见。

学生自主设计评价的实施，促进了学生生动活泼的自主发展。学生自身积极主动的发展是培养学生健全人格、保护学生个性的前提。素质的形成是一个持续不断的内化过程，内化的不可替代性，决定了教育活动必须充分发挥学生的主体性。注重评价模式，能引导每一个学生充分认识到自己的智能强项，并在其强势智能和弱势智能之间搭起桥梁，从而也使得每一个学生能树立起自信心。

2. 档案袋评价模式

学生的档案袋，是指学生的成长纪录袋，是在某一时期，对学生的成绩、作品，以及学生自己、教师或同伴做出的评价的收集和纪录。学生的档案袋评价则是指通过学生档案内的成果、取得成果的过程以及档案的制作过程和质量进行分析而进行的对学生发展状况的评价。档案袋评价是一种典型的质性评价，是对学生日常表现进行评价的一种有效的方法。

根据使用目的、提交对象以及对学生帮助等的不同，学生的档案可以分为不同的类型。在实际操作中，一般多为融合了学生的过程性作业、结果性作业、最佳成果、典型性成果等材料的混合型档案袋。这是因为建立和制作学生的档案袋的目的实际上就是为学生作业提供一个有形的窗口，为教师、学生、家长对其进步与发展进行评价提供方便。

档案袋评价模式为学生创设了一个宽松、愉快的学习空间，学生能体验到学习与进步的乐趣，而不再认为是一种负担，这种评价方式使学生开始学会认识自我的价值。由于这种评价注重学生的成长过程，而不是最后的结果，为学生提供了自我发展的空间，有利于学生个性的不断发展。

3. 反思日记评价模式

反思是立足于自我之外的批判地考察自己的行动及情境的能力。反思是人的思维的一种品质，它使人更清晰地了解自己的行为和行为的后果，从而更理性地开展活动。智力增长非常重要也是最容易忽略的特征，就是回顾自己进行的工作。把握既定的目标；评估进展、提出改进方案和应用知识的能力。不同的标准对反思的分类不同。按照布鲁巴克的“种类区分说”，将反思分为三类：对实践的反思、在实践中反思、为实践反思。对实践的反思是指学生对自己过去行为的反思，在实践中反思是指学生在参与各项活动时对正在发生的行为进行反思，为实践反思则是前两种反思带来的结果——进行反思不仅是为了对自己的行为和认知过程进行认识，更是为了将来更理性地进行行动。通过以上分析，我们不难理解，反思性日记评价就是学生利用日记的形式将自己对自己行为进行反思的结果记录下来，并据此作为发展水平和发展潜能的一种评价方法。反思日记的书写，可以分项进行，也可以从整体入手。

通过学生及时性、阶段性的自我反思日记评价，“让每个人的头脑刮起风暴”，发现自己的心灵所需，认识自我，看到自己的不足与长处，扬长避短，不断创新自己，完善自己。苏霍姆林斯基说：“能够促进自我教育的教育才是真正的教育；反思日记评价让学生在主体性发展的舞台上，能跑的跑，能跳的跳，能飞的飞，在自己的发展极限内达到卓越。”

4. 成果展示评价

所谓成果展示评价，就是把评价的对象的成果，一个不少地列入评价范围，尽可能多地摆到桌面上，在现场表现出来，让评价者看得见、听得见、摸得见。

展示性评价能促进学生充分展示自己的个性、特长，让学生的不断成功激励自己的不断发展。学生在学习过程中，都会有代表自己某一方面成就的标志性成果，及时将这些成果，运用恰当的形式展示出来，作为评价学生该项素质发展的基础材料，不仅材料翔实，而且满足了学生成为一个“成功者”的心理需求，强化了他们不断成功的信念。

成果展示评价最重要的在于个性化地关注学生的成长过程，给学生的成长历程提供了相对“真实”的信息和证据，开放地、多层面地、全面地评价学生，使学生有了不断体验成功，感受成长与进步的机会，真正实现了评价不是为了排队，而是为了促进发展的理念。及时将学生在各方面表现出的典型性、独特性的行为记录入档、展评，使学生以各自的优势成为成功者，激发他们的上进心，强化他们的自信心，打好他们成人、成才的牢固根基，使他们能用自己的不断成功点燃、触发更大的成功，实现教育者的初衷，实现教育者的愿望，实现学生的梦想。

（三）学生综合评价的内容

1. 道德品质与国民素养

学生在道德和伦理上应该具有与自己年龄相称的基本素质，有进取心，对个人的行为负责，具有诚实、公正的品格；尊重他人、尊重自己，理解并赞赏人们的分歧与独立；表现出对全球和环境问题的理解和责任感；行为表现符合一个有责任感的公民的标准。

2. 学习能力

包括学会学习的技能、合作的技能和沟通的技能等. 会学习的技能是指运用各种学习策略来提高学习水平和学习效果，能对自己的学习过程和学习结果进行反思；合作的技能是指能与他人（小组）共同确定目标并实现目标，能恰当处理个体与集体的关系，合理处理合作过程中的分歧；沟通的技能是指能正确地表达自己的思想，能注意倾听别人的重要观点，能与别人进行有效交流。

3. 实践能力

包括善于发现问题，综合运用所学的知识和技能制定计划，具有创新意识。有随机应变的能力，能在活动过程中根据条件的变化调整计划，达成目标。有较强的合作精神，能与小组成员共同完成任务，有较强的社会交往能力，能与相关的机构或个人联系，获得必要的支持。

4. 审美与表现能力

善于在日常生活中发现美、欣赏美，能积极参加各种艺术活动，有创造表现美的欲望，有代表自己水平的艺术作品。

5. 运动与健康状况

有良好的运动和卫生习惯，能坚持锻炼身体，积极参加体育活动；有良好的身体素质，精力充沛，不受疾病的困扰；保持健康的心理状态，情绪稳定，没有不良嗜好。

二、创新教育的教师评价：引领教师的创新实践

（一）我国体育教师评价体系运行中存在的问题

1. 缺乏系统的体育教师评价方案

体育教师评价方案是根据一定的评价目的和体育教师的教育活动以及评价活动的一般规律，对体育教师评价的内容、范围、方法、手段、程序和组织领导等加以规范，并作出规定的基本文件[①]。体育教师评价方案是进行教师评价活动的依据，一个完整、系统的体育教师评价方案是进行体育教师评价活动的先行内容，是体育教师评价活动得以顺利开展的基本前提条件。在现行的体育教师评价活动中，缺乏系统的体育教师评价方案，没有完整、系统的评价方案的评价活动，其评价结果的客观性、准确性是很难得到保证的，评价的目的也难以达到。

2. 重视区分奖惩，忽视改进发展

我国现行的体育教师评价，较多地沿用了传统的奖惩性的教师评价模式，这

① 曾庆涛．我国体育教师评价体系研究［D］．河南大学，2011：11

种教师评价模式的实质是将教师分为优劣等级，然后对其实施相应的奖优惩劣措施。对教师评价的功能，虽然已有了较为全面的认识，教师评价在理论上具有鉴定、选拔、导向、激励、反馈、调节、改进、发展等多方面的功能；但在实际的体育教师评价活动中，更多地注重了鉴定、选拔、管理的功能，激励、改进、发展的功能长期得不到较好的发挥。通过对体育教师工作表现的评价，对教师进行选聘、晋升、调动、加减薪酬等决定，以实现学校的管理目的，但却忽视了教师评价结果的反馈、调节、激励、改进，体育教师专业发展的目标很难得以实现。尤其是国家的法律法规、政策文件和学校考核办法中都明确规定将教师评价结果作为晋级、晋职、定档、岗位津贴、奖金发放的基本依据，更使得教师评价的鉴定、选拔和管理功能发挥到极致的地步。这种评价模式，在计划经济条件下对于调动教师的积极性，改变教师群体中存在的“一无动力，二无压力，三无活力”的被动局面，能够起到一定的积极作用，但也仅仅是促进教师达到最低要求的标准，却很难适应市场经济、知识经济的发展要求，很难促进教师达到优秀的水平。

3. 重视外部压力，忽视内部动力

动力是指推动事物运动和发展前进的作用力，人的一切有意识的活动都是在一定的动力推动下完成的。体育教师评价的动力是促使体育教师参与和开展评价活动的作用力，作为一种有意识的评价活动，体育教师评价也是在一定的动力推动下进行的。体育教师评价的动力包括两个方面：一是外部世界的，即外在动力，主要是通过奖励、表扬、处罚等外在压力使体育教师参与评价，实现体育教师被动的发展；二是内部世界的，即内在动力，主要是通过自我实现、自我完善和自我发展的自觉性激励体育教师参与评价。通过评价，实现体育教师的主动发展。就体育教师来说，外部压力可以使他们达到最低标准，但要想达到优秀的水平，还是要靠体育教师内部动力激励，内部动力比外部压力具有更大的激励作用。作为专业工作者，体育教师对其本身的专业大都具有高度的热情。如果工作所需的条件能够充分满足，他们的创造力就会得到极大激发，他们的教育教学和科学研究水平能够得到较大提高。如果体育教师能够通过评价获得足够的信息与有用的建议，通过学校为他们提供的改进、提高的机会，体育教师是能够实现预期目标的。

在现实体育教师评价实践活动中，较多地注重了自上而下的外部动力的发挥，而忽视了自下而上的内部动力的发挥，体育教师主体性的发挥不佳。教师评价依然是一种常规的行政性管理活动，把评价作为管理和控制教师的一种手段，评价更多的是为了便于学校的管理，强调学校领导的作用，反映领导者的意愿，但对教师的专业发展的关注却远远不够。在评价的实践过程中，体育教师的主体性没有得到充分尊重，教师主人翁精神远远没有得到发挥，评价是一种“自上而下的要评我活动”，而不是“自下而上的我要评活动”。教师评价方案的制订基本上是由校方一手包办，教师很难参与评价方案、评价标准的制订，也无权决定评价的内容、方法，对于评价方案、评价标准、评价程序也不甚了解，很少参与到评价的具体操作工作中去。这种典型的他人评价，缺少民主意识，使部分老师感受到压力，对评价的认同感不高，很难积极主动去改进自己的工作。因而对于目前的体育教师评价，教师们只当作一项任务，例行公事，只是消极的应付罢了。

从教师的角度看，由于教师没有参与评价方案的制定，导致教师对评价的目标、过程不明确，在一种盲目、被动的情况下，应付各种各样的检查、评比。在这种不确定性的迷茫状态中，各式各样的评价不但没有激发参与教师评价的积极性，还成为教师无形的负担，不可避免地使教师产生疲劳和焦虑感，并带来巨大的压力，对当前教师的适应程度及评价标准的效度和信度考虑不够，只能在教师评职称时派上用场。对教师专业发展不仅不能起到有效的促进作用，而且还不能很好地解决教师在教学工作中存在的问题。

4. 注重绩效管理，缺乏人文关怀

体育教师评价中的人文关怀是指在评价的过程中，充分尊重体育教师的主体地位和个性差异，关心体育教师丰富多样的个体需求，激发体育教师的主动性、积极性、创造性，进而促进体育教师的全面发展。

在现行的教师评价实践中，尤其是在对被边缘化的体育教师评价的过程中，受传统思想的影响，还存在着严重的重智育、轻体育的倾向，缺乏对体育的正确认识，过度偏重学校的管理要求，过分强调教师的奉献精神，却对体育老师缺乏足够的人文关怀，大大忽视教师的个人利益、正常需要，更是将教师自我价值的实现放在可有可无的位置。在竞争激烈的市场经济社会中，由于人文关怀的缺失，教师的人文精神也受到了前所未有的冲击，导致价值理性不断萎缩，工具理性却日趋膨胀；传统意义上的社会责任感以及奉献意识逐渐淡漠；神圣的教师职业日趋平庸化与泛商业化。这种只强调教师对社会的奉献，不体现对教师的人文关怀的行为，是不可能得到广大教师的真正认可的。

5. 注重全校统一，缺乏学科针对

评价指标是进行评价工作的基本依据，它的科学化程度将直接决定评价客体的信息采集乃至数据处理方式，决定评价结果的可信度和有效性，最终影响评价的质量，是评价的基础和核心，也是评价取得成功的关键。在进行评价活动时，评价指标体系的设计不仅要符合评价目标的要求，还应当符合评价对象的专业特点。要做到评价结果科学、合理，必须运用符合评价对象专业特点的评价指标进行评价能够对评价对象作出客观公正的评价，进而促进被评对象的专业发展。

在现行的体育教师评价中，评价指标体系的设计、评价标准的制定等方面只是较多地注重了学校的统一性，而缺乏对教师学科的专业针对性，没有体现体育教师的工作特点和体育学科的专业特性，选取不符合体育教师专业特点的评价指标对体育教师进行评价，评价的结果自然是不科学的，不可能对体育教师作出客观、公正的评价，也不可能有效地促进体育教师的专业发展。

6. 重视定量评价，忽视定性评价

体育教师的教育活动是十分复杂的，既存在大量的客观性强、可以量化的因素，又存在许多具有模糊性、难以量化的因素。因而体育教师评价的过程应当是一个定性评价与定量评价相结合的过程，对于能够数量化的评价信息，应尽量采用定量的方法进行处理、分析和判断，以增强评价客观性和说服力；对于不能或不易进行数量化的体育教师评价信息，应当进行定性的描述，对被评教师做出价值判断，进而找出解决问题的对策。将定量评价和定性评价有机地结合起来，既要看教师工作的量，又要看教师工作的质，才能求得更全面的评价结果。

然而在体育教师评价的实际工作中，却是过多追求定量评价，过分量化。大多数学校在追求全面、科学、客观的理念下，对教师的评价就像学生的考试分数一样，把教师评价细化为条条框框，而这些条条框框的后面几乎全部被赋予分值，教师的评价结果就是这些分值的总和，这种做法很不科学，教师的劳动对象是学生，教师与学生之间是生命的对话与交流，教师的工作是创造性工作，教师之间、学生之间都存在差异，不能用完全量化的方法；另外这种评价方法主要关注如何客观、公正地区分教师，而不注重如何引导和激励教师，不能给教师的专业发展提供建设性的建议或信息，不利于教师专业发展，因而这样的做法也不可取；同时教师评价盲目追求量化，还会导致管理队伍因工作量变大，分散对教育工作和管理工作精力，从而影响学校其他工作的深化落实。

7. 评价主体单一，自我评价缺乏

评价主体，是指实施评价活动的组织机构、领导人员和评价者。按评价的主体的不同，体育教师评价可以分为他人评价和自我评价，他人评价主要是指领导评价、专家评价、同行教师评价、学生评价。评价主体是评教的重要基础，它直接影响到教师教学工作评价的结果和效果。合理选择评价主体对顺利开展教师教学工作评估，不断改进教学工作，提高教学质量都具有重要意义。合理确立评价主体并有效发挥其功能，是教育评价取得成功的根本保证。系统地、全面地评价教师的教学工作必须建立在广泛的支持和参与之上，与多元化的评价主体结合使用，可以使评价结果相互印证，减少误差，更具可靠性。单一主体只是从某一侧面或角度对教师教学工作的某些方面进行评价，对总结性评价或发展性评价来说都难以达到信度和效度的要求。“任何把注意力放在一种单一的信息来源上的做法都可能是不全面、不准确的。”因此，不能只用一种方式来达到所有的目的。

体育教师的自我评价有助于全面收集评价信息，以便形成准确的价值判断；是发挥体育教师本人主体性、主人翁意识的重要体现，通过自我评价能激发被评者本人参与评价的自觉性、主动性和前进的动力；有效地诊断、分析自身的优势和劣势，进而达到自我认识、自我教育、自我调节、自我提高、自我完善和发展的目的。但是，在评价的实践中，教师比较缺乏自我评价，教师的自我评价参与度不高。被评价的教师本人常处于被动地位，是被检查的对象，没有参与评价的权力，甚至评价者与被评价者之间缺少交流。因而体育教师本人的主体性、主人翁意识远远没有得到体现，被评体育教师参与评价的自觉性、主动性和前进的动力也远远没有得到激发，很难达到自我认识、自我教育、自我调节、自我提高、自我完善和发展的目的。

8. 反馈时效较差，结果有失公允

科学、合理、客观、公正的评价结果能有效地促进教师自身素质、业务水平的提高、教育教学质量的改善，更好地实现教师的专业发展。然而在现行的体育教师评价实践中，还存在着诸多的问题，主要表现在以下几个方面。

现行的评价活动，评价结果反馈的时效性较差，学校不能及时地将评价结果反馈给体育教师，有时即便有反馈，反馈的内容也不能很好地促进教师的专业发展。这对于教师及时了解自身工作中的不足，明确前进的方向，更好地改进工作显然是不利的。

现行的评价活动，基本等同于教师的年度考核，是一种常规的学校人事管理手段，学校通过评价对教师进行比较、分等、排序，评价结果的奖励和惩处，面向的只是少数的优秀教师和极少数的不合格教师，对于大部分合格的普通教师而言，评价只是走过场，没有考虑大部分普通教师的成长需要和专业发展需求，也起不到应有的激励作用，有时还会挫伤部分教师的积极性，给教师的工作定位、工作方式带来了很大的影响，很难引起广大教师的共鸣。

(二) 创新教育的教师评价

教师评价是教育评价的主要组成部分，对于提高学校的教育教学质量具有巨大的潜在价值。教师是学校进行教育教学活动的主体力量，其工作成效的高低直接影响教育教学质量的优劣。长期以来由于受各种因素的影响和制约，教师评价滞后于教育教学改革，没能充分发挥其功能和作用。或者可以从理论上来说，教师评价非常重要，它发挥了重要作用，但是在实践上并没有形成健全的、充分调动教师工作积极性和创造性的教师评价制度。教育教学改革的浪潮，推动教师评价制度的改革，呼唤更多的创新性教师涌现出来。创新教育教师评价旨在构建整套全新的评价范式，真正使教师评价与教师的教育教学活动交汇融合，推动教师积极的创新实践，推动教师的成长和专业发展，从而全面提高学校的教育教学质量。

1. 教师创新素质评价

1）职业道德

道德是人们心目中调节相互关系的准则体系。教师职业的特殊性要求有相应的职业道德，加强教师职业道德建设，提高教师思想道德水平，始终是学校精神文明建设的基本任务。教师职业道德是教师在从事教育活动的过程中，思想和行为应遵守的道德规范和准则，是教师在教育教学实践中形成的一种获得性的内在精神品质。教师的职业道德是教师素质结构中的重要组成部分。对教师职业道德的评价应当作为一项独立的、核心的内容去实施。

2）教学理念

教师要想成为研究者，必须掌握必需的教育学、心理学知识，必须掌握所任学科的专业知识，在理论上有所造诣，在实践中有所创新。教师的教育教学理论水平决定着教师的专业化水平，也决定着教师的教育教学能力。因此，对教师教学理论的评价应当成为促进其专业素质发展的一项内容。教育工作所面对的是不断接触新鲜事物的学生。在不同的社会时期，学生的思想现实是不一样的，面对不断发展变化的学生，置身于不断变化的社会大背景下，就要求教师必须不断更新自己的教育教学观念。只有这样才能适应教育教学发展的新形势，才是一位不断创新与发展的优秀教师。

评价教师的教学理念应当以面谈的形式为主。在平等的对话交流中把握教师的认识现状，并进行理性的分析与判断，帮助教师确立学习和提高的思路。

3）文化科学知识

当前，教师队伍的文化素养偏低已经成为困扰教师专业发展的重大问题之一，许多专家和学者呼吁尽快提高教师的文化科学知识水平。他们纷纷指出：现代科技的高度发展及其高度分化又高度综合的趋势，要求教师必须具有广博的通用性文化知识。教师丰富的文化知识，有助于拓展学生的精神视野，激发他们的求知欲，而且其本身就是一种无形的教育影响力。知识渊博的老师往往更易得到学生的信赖和爱戴。教师的知识含量，教师的知识更新速度，这是创新性教师的必要追求，也是重要的评价内容之一。当前的教师评价对此关注极少，致使造成了许多教师“教书不读书”的怪异现象。应当明确的是，有了丰富的文化科学知识并不一定就能成为优秀的教师，但一位优秀的教师必须具备丰富的文化科学知识。让教师多读书、读好书，形成科学合理的文化知识结构是创新教育教师评价肩负的重要责任。

4）班级教育能力

教师的教育能力包括教学工作之外的其他能力，主要是指理解和掌握学生的能力、班级管理能力、协调人际关系与沟通表达能力、处理学校事务的能力等。对教师教育能力的评价要选准最适合教师发展的内容。对待不同水平、特长的教师应当有相应的评价策略，并且对每一种教育能力都要进一步分解出可供操作的评价内容。教育能力评价的内容非常复杂和丰富，在评价细则的确立、评价的实施中，均应由专门的部门和人员进行，并且将评价的立足点放在教师的整个教育过程中，而不仅是在查看其教育结果上。

5）创新教育能力

第一，在常规教学能力基础上的创新教学能力。关于教师的常规教学能力，有许多不同的观点和认识，我们认为，教师的常规教学能力主要指教师的课堂常规教学能力和对学生的课后辅导能力。就课堂而言，如何评价教师的教学能力呢？我们认为应包括如下几个的方面，一是确立教学目标的能力；二是分析确立教学重点、难点的能力；三是突出重点、难点的能力；四是系统、有条理地组织教学的能力；五是灵活处理课堂突发事件的能力；六是设计有价值问题的能力；七是准确的语言表达能力；八是教学方法和手段创新的能力；九是运用发展性即时评价的能力；十是布置各类作业题的能力。所谓在常规教学能力基础上的创新教学能力，是指在按常规实施教学的各个环节上进行创新操作的能力，例如，教学设计创新、课堂教学结构创新、课堂教学导入创新等。

第二，教师交流与反思能力的评价。创新教育教师评价还特别强调教师的交流与反思的能力，将这一能力作为创新教学能力的有机补充，纳入评价视野。一方面，这是因为教师能够与学生进行积极的交流，与同事进行有效的交流，从而提高自己的教学能力，是教师素质的重要体现。因此，要对教师的交流能力进行评价。另一方面，创新教育倡导教师的反思性教学，强调教师的批判性反思能力。对批判性反思的评价是促进教师反思性教学实施的一个层面，必须将这种评价方式贯彻到对教师专业素质的评价中。

第三，捕捉教学信息的能力。教师的教学是一个动态的过程，教学过程往往在教师的预设范围内进行，是能够调控的。但是，由于学生都具有自己的个性，在学习中很容易突破所谓的教师框架，出现许多意想不到的观点或事件，此时，许多教师会慌乱，感到束手无策；另一种做法是不闻不问，任由学生发挥，教师仍依教案所设定的内容讲下去。这两种教学行为都暴露了教师捕捉教学信息的能力较弱。将捕捉教学信息的能力放在重要位置来肯定，是因为课堂教学是创新火花喷发的地方，是教学理论产生的地方，也是学生思维过程的真实再现。

第四，课程开发的能力。课程建构和开发是教师的权利和责任，创新教育给予了学校教师极大的课程开发空间。课程开发能力是教师必须具备的能力。开发并利用课程资源的途径有：调查研究学生的兴趣类型、活动方式和手段；确定学生的现有发展基础和差异；为学生提供反馈材料；安排学生从事课外实践活动；制定参考性的技能清单；总结和反思教学活动。在教学中，教师的课程开发还应当真正体现学生的学习需要，并且与学生的实践活动相结合，让学生与教师一起成为课堂的主人。

2. 教师创新教学行为评价

由于创新教育教师评价是以促进教师的创新与发展为核心目标，对教师创新素质的评价与关注便显得更为重要，教师创新素质的提高是决定性的因素，由此而转化成的教学行为便是教师的创新教学行为。

1）课堂教学行为创新的评价

教师的课堂教学行为体现在价值追求、过程特征、模式选择三个方面，这三个方面的创新选择是界定一堂课的创新特质，也是评价一位教师的创新教学行为的重要标志。

第一，教师课堂教学行为的创新在价值取向上应以培养具有创新精神和创新能力的人才为核心目标；

第二，教师课堂教学行为的创新在过程特征上应以促进学生个体自由、和谐地发展和创新个性的充分张扬为根本宗旨；

第三，教师课堂教学行为的创新在模式取向上应以构建高度体现学生主体性的、着眼于“以学生为本”的多样化的教学方法、途径和模式为根本追求。

2）常规性教育教学评价

常规性教育教学是指教师日常的教育教学工作，常规性的教育教学工作也可以创新地完成，对此的评价不可缺失。教师的常规工作完成情况不仅是教学态度的体现，也是教学能力的突出体现。适当的常规检查、督导是必要的，也是有效的。通常的常规评价主要着眼于教师按常规执行岗位职责的情况，创新教育的常规评价不仅关注按常规履行职责情况，更加关注创新性的履行职责情况。它主要从教师育人职责和教学职责两方面来评价。

3. 教师创新成果评价

教师创新成果具体是指教师的教学、教研、科研成果，包括过程性成果和终结性成果。在对教师创新成果进行评价时要注意以下几点：第一，综合评价教师的教育质量。一方面要关注教师的教学成绩，通过教学成绩来分析教师的教学效果；另一方面又要建立起积极的，发展的教学质量关，不以分数作为评价教师教学质量的唯一工具，而要看学生综合素质的发展。第二，慎重对待创新成果。除教学质量外，教师的创新成果还包括教研、科研成果等各个方面。大多数情况下，创新成果是具体的，能够进行公开地展示或者比较，因此在评价中易于操作，往往能够很容易地进行甄别。但是，教师的教研、科研成果，包括对学生素质变化及行为变化的评价，存在明显的综合性与时效性，很难精确地为教师的创新教学提供完整的依据，促进教师发展的功能正在随着评价过程的推移而减弱，因此，对教学成果的评价是一个十分慎重的过程，在实施中尽量不与教师的奖惩挂钩。

三、学校办学水平评价：推进学校自主创新评价

目前，如何客观公正地评价一所学校是一个难题，普遍存在着以学生考试成绩评价学校的现象，这种评价过于追求手段的技术化、标准的唯一性，抹杀了作为具有独立法人性质的学校的主体地位，导致学校普遍缺乏自我评价意识，从而妨碍了学校自主发展原动力的生成。

学校自主发展评价概念的提出是在创新教育评价观的指导下，以促进学校不断创新发展，达到培养学生创新素质的一种评价模式。它是依据创新教育的基本理论，遵循学校发展的客观规章，充分发挥学校文化的自主意识和尊重学校法人的主体地位，以学校现实状态及自我设计为起点，通过对学校各系统发展状态的自主式动态评价机制，实现培养学生创新素质的学校发展目标。

（一）学校自主发展评价的原则

学校自主发展评价作为创新教育视野下的一种评价模式，是为培养学生创新素质服务的，这是评价的出发点和归宿。此外，学校是处于不断变化中的社会的一个单元，有其客观发展的规律。基于上述思考，学校自主发展评价在遵循教育评价的一般原则下，确立以下原则。

1）自主性与前瞻性相统一的原则

指学校作为评价的主体，把领导、组织评价与规划学校发展统一起来，使学校评价更具有导向性。贯彻该原则应注意：一是学校自主评价的“自主”建立在依法治校的基础上，学校把遵守国家的教育法律、法规和政策贯穿于评价活动的始终，以法律、法规作为评价的依据；二是学校评价的自主性以凝聚学校共同体成员的共识为基础。因此，评价的自主性要求学校共同体成员发挥每位个体的主体精神，以主人翁的意识参加评价活动；三是学校在准确把握现实的基础上，制

定符合学校发展规律的发展规划，学校自主发展评价的自主性与前瞻性统一于发展规划，没有发展规划，评价就失去意义。

2）发展性与激励性相统一的原则

指以发展的眼光审视、判断学校的发展变化，以激励为手段，进一步调动促进发展变化的各种积极因素，谋求学校的更大发展。贯彻这一原则应注意以下两点。一是准确把握发展的起点，正确分析发展的因素。受社会环境、办学条件等影响，每一所学校发展的起点不同，对一个发展起点较低的学校来说，尽管还没有达到较高的发展水平，却是近几年发展速度最快、质量最好的时期；对一个发展起点较高的学校，尽管已经达到较高的水平，但不一定是近几年来发展的最好时期。影响一个学校发展的因素很多，学校要抓住促进发展的积极因素，进行全面总结，提炼出经验，通过全面评价、全面分析制约发展的消极因素，找出问题，提出解决问题的对策。二是激励性贯穿于发展的始终。评价的过程是一个判断发展、促进发展的过程，更是一个树立榜样、增强信心和凝聚力的过程，以激励为主的评价是自主发展评价区别于外部评价的主要特征。

3）动态性与共创性相统一的原则

指学校自主评价的过程中重点评价学校发展的潜能，找出学校的“最近发展区”。在这个“动态”中，发挥学校共同体成员的“共创”积极性，把学校可能的发展转变为发展的现实。落实该原则，一是靠以校长为核心的组织群体的教育智慧，即对学校发展机遇的敏锐把握；二是靠学校共同体成员的集体创造性，学校共同体成员包括校长、教职工、学生、家庭成员、社区代表、教育行政部门代表等。

（二）自主发展评价的内容

学校自主发展评价内容的确立主要考虑三方面的因素：学校发展的主体及机制、目标；国家教育法规对学校的规范和标准；教育行政部门和教育监督部门的评估、评价方案。在此基础上学校根据自身发展实际自主选择评价内容。

1）对两个主体的发展水平评价

即学生的主体发展水平和教师的教学发展水平评价。学生发展水平评价主要评价自主学习、自我设计、参与教学与管理、综合素质、个性特点、实践能力等，这些评价领域重点指向学生的自主性、主动性、创造性。教师的教学发展水平评价重点评价教师的专业发展水平，包括教学设计、课堂教学、学生作业批改、课外辅导、学科课外活动指导、教育科研、教学成绩等方面。

2）对教学系统发展水平的评价

教学系统在学校结构中处于中心地位，它包括对教师，学生两个主体的评价又不等同于对两者的评价。包括教学管理效益评价、课堂教学水平评价、课程实施与开发评价、教学投入评价、教学模式的开发与应用评价、课程教学水平评价、教学整体改革评价、学科发展水平评价、教育科学研究、实验与信息技术效益评价、科学技术教育评价、劳动技术评价、美育教育评价、健康教育评价等。

3）对行政管理系统发展水平的评价

重点评价以校长为核心的领导群体的努力与工作作风、群众威信、学校发展计划及学校共同成员对学校发展的共识程度，学校管理制度及管理机制的有效性，学校后勤保障的服务效能，学校投入与产出等。

4）对学校文化系统发展水平的评价

主要评价学校的办学思想与校训是否体现现代教育思想及师生的认可程度，德育工作的适切性，学校与家庭、社区的交流互动，教师、学生在学校的幸福度，学校在社区的影响力等。

5）对学校教育资源配置发展水平的评价

主要依据教育行政部门的有关标准评价，包括教育经费、教育基础设施、教育技术与装备及其使用水平、校园环境、教育基地建设水平。

（三）自主发展评价指标体系

确定了评价内容也就确定了评价的领域，评价领域是评价指标体系制定的基础。学校的发展是一个有计划地实现目标的过程，评价是依据评价标准对目标生成过程及目标的价值判断，但是，发展目标常常是集概括性、抽象性、原则性于一体，无法运用测量手段直接进行判断，因此，我们要将发展的目标按其内在的规定性，逐级分解为具体的、可以直接测量的子目标，这种直接可以测量的子目标称为指标。

指标的集合组成指标体系。每一个指标集合由若干个子集组成，每一个子集再由更小的子集组成，最后一级称为末级指标。指标体系是评价的基础，设计指标体系要遵循以下原则。

1）指标的内在规定性原则

指标是由发展目标按照其内在的逻辑关系分解而来，受发展目标的制约。一项指标值反映目标的局部，几项指标只反映目标的侧面，只有综合各项指标评价的结果，才能反映出学校整体达到发展目标的程度。

2）末级指标的可测量性

测量是“对……赋予一个数量值”，是一种基本的评价手段，它包括对客体定量和定性分析，从而形成一个可观的、确定的尺度，以确定学校发展的价值。

3）指标的导向性原则

指标体系中设置什么样的指标，哪些指标分值高，学校成员或部门就向哪个方向努力，指标的导向性要求我们紧紧把握学校发展的方向，科学地、慎重地设计指标。

学校自主发展评价指标体系由评价区域、主因素、测量点构成，呈现出树型结构，由学校发展目标逐层分解而来。评价区域是指学校发展过程中对学校的发展起决定作用的领域或系统，是根据评价内容确定的。如学校教学系统、行政管理系统、校园文化系统、学校创新管理、教育资源配置等。主要因素是指影响测试区域的关键因素。例如：对学校创新管理的评价指标中，主因素是管理机制、校园文化、教师发展、教学改革。测量点是指能够反映主因素的一些元素，它揭示了主因素的内涵。如学生自主发展的测量包括自主学习、自我设计、实践能力、创新精神。在指标体系的基础上建立的自我发展评价方案就能应用于评价的实践活动。

第二节　高校体育创新教育的评价发展

一、体育创新教育评价的发展

为了培养具有健康体魄、独立的创新人格和全面发展的终身体育学习者，相应的教学评价必然要与各种相关的教学要素变化相适应，呈现新的特点。

（一）评价的目的更加注重学生的体育综合实践能力

评价将包括健身、健关、运动参与、社会交往等方面应用知识和技能的能力。

（二）学生通过评价发展自我评价能力和技术

在传统的体育教学中，学生很难有时间、空间进行自我评价，他们只有通过教师的评价被定级或分类，并从反馈中认识自己的学习是否达到预期，它的弊端早已为大家所熟识。学生终身体育能力的发展过程中，自我评价是一个必备的技能，培养这种技能本身就是体育教学目标之一，也是评价工作的任务之一。

（三）学生和教师共同制定评价标准

传统的体育课程研制一直是实行“规定—执行”式的研制准则。体育教学标准正是根据教学大纲或教师、课程编制者等的意图制订的，对学生的评价标准是相对固定和统一的，体育创新教育则强调学生的“个别化”学习，学生在如何学、学什么等方面有一定的控制权，教师则起到督促和引导作用。学生控制的要素中即包括对“评价”的控制，为此，应该建立有教师和学生根据实际问题和学生先前的知识、兴趣和经验共同制定的体育创新性教学的评价标准。

（四）评价是教学过程的有机构成

传统的体育教学评价往往是在教学之后进行的一种孤立的、终结性的活动，目的在于对学习结果进行判断，而体育创新教育的评价则是与教学过程融为一体的、自然出现的，与教学过程不可分割的一部分。以学生为本的体育创新教育的教学评价目标包括了自我评价技术和能力的培养。评价具有指导学生学习方向、激励教学的作用，正是有了评价的参与，学生才有可能达到预期的学习结果。

二、体育创新教育的评价策略

（一）在教学前提出预期

体育创新性教学为学生提供了真实、切身实际的学习任务。学生有较大的自主权和控制权。体育教学活动性、开放性以及群体特征使学生有可能迷失学习方向。为避免学生在学习过程中迷途，在教学进行前，预先通过提供范例、制订标准、签订契约等方式使学生对自己要达到的结果有一个明确的认识将是非常有效的，这样学生就会主动地使自己的工作向任务的预期要求看齐。

（二）评价需要基于学生在实际任务中的表现

教学组织者尽可能地从真实世界中选择挑战和问题，并在评价时关注学生在实际任务中所表现出来的提问能力、寻找答案能力、理解能力、合作能力、创新能力、交流能力和评价能力。评价的重点是为学生的这些能力的进一步发展和提高提供帮助，而不仅仅是判断学生的能力如何。

（三）评价随教学进程动态及时进行

通过及时动态的评价，衡量学生的表现与教学目标的差距，促进教学策略的及时改变，或者要求学生改变他们的学习策略及努力方向。事实上，评价是促进整个学习发展的主要工具。

（四）学生对评价进程和质量担负责任

要发展学生的自我评价能力，学生需要有机会制订和使用评价的标准，使他们在思考和反思中发展自身的技能。学生应该知道如何回答和解决诸如“需要解决的问题是什么？”“我们如何才能知道自己取得了进步？”“我们如何才能得到提高？”“我们怎样才能达到优秀？”之类的问题。因此，只要有可能，就尽量鼓励学生进行自我评价或相互评价，并让他们对评价的进程和质量承担责任。

三、新的评价方法

在传统的体育教学中，评价的方法主要有测验、调查、观察几种。而在“创新性体育教学”中，除了要根据教学目标的不同对以上几种方法进行改造外，还要发展一些新的评价方法（工具）。

（一）学生自我发展报告

这种评价方式来源于“项目管理学”。创新性教学的原则包括以“学”为主，以“任务”驱动和“问题解决”作为学习和研究活动的主线。为了能够让学生在完成任务和解决问题时有一个具体的目标和依据，为了客观合理的评价，学生自我发展报告一般包括以下内容：①参与项目的热情；②项目完成过程中所学到的东西；③最终成果的满意程度；④老师和同学在哪些方面给自己提供了帮助；⑤对本项目成果改进的想法。这种评价方式应该得到重视和发展。

（二）范例展示

体育教学中，最为普遍的教学手段就是范例展示：包括技术、战术以及其他学习成果范例。这里重新提出的原因是，以往教学中教师欠缺对范例展示的综合运用。尤其是有效利用现代教育技术的水平还比较低。体育创新性教学所提供的范例一方面要启发和拓展学生的思路，另一方面还要在技术和主题上对学生的工作起到引导作用，避免过长的示范和模糊的解释，为学生提供必要时能够参考的范例来规范自己的努力方向。

（三）综合评定材料

综合评定材料也就是按一定目的搜集的反映学生学习进程以及最终成果的一整套材料。这种评价在客观上有助于促进个人的成长，而学生也能在自我评价中变得积极起来。评定综合材料可包含各种形式的学习材料，如：学习或研究成果、录像带、书面文章、图画、计算机编程等。例如，一个在足球项目上表现优秀的学生的综合评定材料可包含使用一系列与足球相关的媒体和技术所创造的作品、技能发展报告，还有教师、学生和同学的评价。评定将使学生能在一段时间后检查自己的成长，从而成为自身努力的更有见识、更善于思索和反思的评估者。综合评定材料提供具体的参考资料，凭借这些资料，教师能辅导和支持学习者达到自己的目的。

（四）概念地图

它是一种图表，可以指示课、单元或知识领域的组织。在识别与某一课题有关的概念后，学生可以通过沿着空间等级层次或时间先后顺序的维度，创建心理模式。以此识别和标识概念间的相互关系，学生可以通过绘图将概念联系起来，以表征这些概念对于他们个人的意义。由于概念地图有助于发展学生对于丰富知识的了解能力和概念的区分能力，因此，也提供了对学生的理解和认知成长水平的有用途径。在实际应用中，教师可以和学生在“头脑风暴”的基础上组织一个概念地图。这种显示主题和有关子主题的网络性图示对于学习活动的进行和评价有重要的意义，有助于学生以具体和有意义的方式表征概念。

（五）绩效评估

学生个人或小组针对某一主题，独立完成任务，并以成果（电子作品、解决方案、研究报告等）方式来提交作业。作业的评定涉及学生的创造成果或完成所要求的既定任务的过程，并且有一整套的辅助工作，例如，学生作业的观察、展现、陈述、访问、学生生成的计划、模仿以及角色游戏等。为了作业的真实性，他们应与真实世界（或某些方面）保持联系，即这应当是知识的应用，而不是对知识的回忆。好的作业反映了真实世界的复杂性并同时对许多方面进行测量，在作业评定中，学生有机会展示广泛的才能，体验成功。任务的完成使学生可能扮演类似真实世界情境中所期望的角色。通过作业评定，学生可以意识到学习不仅仅是记忆练习和训练，还是一种既有具体训练深度，又能适应所学领域的复杂性的感悟。

总之，体育创新教育的评价应该注重建立评价内容多元、评价方法多样的评价体系，提倡客观评价与主观评价相结合、终结性评价与过程性评价相结合、绝对性评价与相对性评价相结合，以及由单一内容向多元内容评价的方向改变。对体育教师教学的评价应该注重他们是否注意了学生创造力和教师自身创造力的发展，是否关注学生喜欢体育课和参与体育活动的程度。评价应该有助于教师和学生的共同进步和发展。

第六章　高校体育教师创新能力的要求

21 世纪，科学技术迅猛发展，知识经济初见端倪。知识经济要求教育进行全面的改革，才能适应其发展的需要。振兴民族的希望在教育，振兴教育的希望在教师。传统的“传道，授业，解惑”教师角色不能适应创新教育的需要。教师不仅要成为创新活动的实践者，也要做学生创新精神的培养者，创新学习环境的构建者，创新途径的开拓者。

第一节　高校体育教师创新能力的概述

一、对于“创新”和“创新教育能力”的诠释

就一般意义上说，创新是淘汰旧的东西，创造新的东西，它是一切事物向前发展的根本动力，是事物内部新的进步因素通过矛盾斗争战胜旧的落后因素，最终发展成为新事物的过程。更具体地说，创新是创造与革新的合称。它具有：新颖性（不墨守成规、前所未有）、独特性（不同凡俗、独出心裁）、价值性（对社会或个人的价值具有进步意义）。综合起来最根本的特征就是一个“新”字，没有“新意”，也就无所谓创新。现代意义上的“创新”概念，最早见于熊彼特的《经济发展理论》一书。他以企业活动为研究对象，从经济学的角度对技术和经济间的基本互动机制进行了考查，提出了著名的“创新理论”。“创新”概念可理解为人们在进步观念的驱使下，面对变化了的客观环境，探寻新方式、新方案、新对策的活动。它涉及的领域相当广泛，包括观念创新、理论创新、科学创新、技术创新、产品创新、工艺创新、体制创新、市场创新、组织创新、管理创新等。

“创新”有层次之分，美国著名人本主义心理学家马斯洛认为，创新有两种水平：第一种水平叫“特殊才能的创新”，第二种水平叫“自我实现的创新”。前者指的是科学家、发明家、作家等杰出人物的创新，指他们的新想法、新发明、新贡献是整个人类社会中前所未有的；后者指的是在开发人的自我潜能意义上的

创新，由此产生的新思维、新事物，对社会和他人不一定是新的，但对创新者自己来说是新的。德国心理学家海纳特曾把前一种创新称为“真创新”，而把后一种创新称为“类创新”。“真创新”是对人类而言，“类创新”是对个体而言。教师的创新更多地表现为“类创新”。这种创新观丰富了创新性的内涵，有助于提高教师开发自身创新能力的信心和热情，是值得提倡和推广的。

能力是符合活动要求，影响活动效率的个性心理特征的综合，教育能力是符合教育活动要求，影响教育活动效率的个性心理特征的综合；创新教育能力是符合创新教育活动要求，影响创新教育效率的个性特征的综合。创新教育能力包括两个层次：即一般性创新能力和特殊性创新能力。一般性创新能力包括：①培养观察力、记忆力、想象力、思维力、情绪情感能力、意志力、个性心理能力；②上好创新教育课的能力；③进行创新活动指导的能力；④学科教学和活动课教学渗透和培养一般创新思维品质的能力；⑤对学生创新素质发展进行评价的能力。特殊性创新能力，包括培养语文能力、数学能力、音乐能力、绘画能力、体育能力等方面的能力。

成功的、富有创新性的教师总是善于吸收最新教育科学成果，将其积极地运用到教育、教学、管理等过程中，并且富有独创见解，能够发现行之有效的新的教学方法。在个性品质上往往表现为幽默、热情、乐观、自信，乐于接受不同观点以及对其工作之外的其他事情也表现出强烈的兴趣并积极参与。在教育教学方面，注重教育艺术和机智，有强烈的求知欲和成就动机。在教学风格和技巧上，善于经常变换各种教学手段，激发学生积极思考，鼓励学生参与课堂教学相互交流并讨论各自观点。驾驭教材能力很强，对学生的课堂反应有很强的敏感性；凭直觉进行教学，想象力非常丰实，不拘泥于已有的规划或既定的程序。在班级管理方面，创新型教师在对班集体和学生管理时都表现出：努力创设并维护一种易于创新的氛围，得以表现融洽的师生关系、同学关系及班集体风尚。信任、公平、宽容、自由、安全、富于创新性的集体气氛是创新型教师进行班集体和学生管理时所追求的目标。

二、对于高校体育教师创新能力的理解

随着教育部颁布的《全国普通高等学校体育课程教学指导纲要》和教育部、国家体育总局颁布的《学生体质健康标准》的实施（以下简称《纲要》和《标准》），高等学校的体育进入了实质性的改革阶段。新《纲要》和《标准》的实施，对高校体育教师的素质能力提出了更高的要求。高校体育教师应站在专业的知识发展的前沿，发现、解决问题，注重自身结构的求新、求异发展。为此体育

教师必须具备不断调整和提高获取新知识的能力，具备很强的组织与管理能力，不断改革教学方法，实践创新的能力；能够科学地指导学生，使学生学会学习、学会锻炼、学会获取知识与信息的能力，并能操作与运用；具备创新意识及合作能力、观察能力、分析与综合能力，给学生提供思维及解决问题的机会，能提醒学生发挥潜能，创新解决问题的新办法。创新教育要求体育教师要不断补充新的教学思想，要开放与动态地呈现知识，要实现知识的综合化，提高教师对体育教学过程中知识融合、知识渗透以及整合的程度。

(一) 高校体育教师应具备的知识结构

高校体育教师的知识结构与其教学效果和质量密切相关。高校体育教师一方面要深化已有的专业知识，另一方面要有广博的综合知识，并能对知识体系加以合理地、综合地运用。为更好地适应高校体育改革和发展的需要，高校体育教师应具备以下知识结构（见表 6-1）。普通基础知识是高校体育教师知识结构的基础；专业基础理论知识是高校体育教师知识结构的重心，它制约着教师教学、训练、科研能力的高低。教学学科理论对教师能力的形成起指导作用，是教师能力发展的基础。

表 6-1　高校体育教师知识结构

层　次	方　面	具体内容
普通基础理论	基础学科	哲学、政治经济学、思想道德修养、数学、计算机、外语等
专业基础理论	基础理论	人体解剖学、运动生理、体育心理学、学校体育学、体育保健学、体育测量与评价、运动生物力学和生物化学等
	运动技术与理论	田径、球类、体操、武术、健美（操）、新运动项目等
教学学科理论	教育与体育教育理论	教育教学论、体育教育学、体育方法论、普通心理学、现代科学技术理论、创新学等

(二) 高校体育教师应具备的素质结构

创新型高素质人才的培养需要创新型的体育教师，教师创新性的思维和具有创新性的教育教学工作对学生的影响既深刻又持久。教师是素质教育的直接组织者和实践者。高校体育教师不仅要具备一定的知识结构，而且应具备一定的创新能力（见表 6-2）。教育教学能力是体育教师创新能力素质的重心，是体育教师教学创新能力高低的标志之一。组织、社交、运动训练和体育保健等能力素质是高校体育教师创新发展的基础。科研和计算机运用能力是高校体育教师提高创新能力素质的根本保证。

表 6-2　高校体育教师创新能力素质结构体系表

能　力	具体内容
教学教育能力	教育基础学科理论知识运用、编制教学计划、课堂教学组织、语言表达、动作示范、保护与帮助和电化教学的创新能力
运动训练能力	选材、训练计划制定和实施、指导比赛和裁判工作的创新能力
组织、社交能力	组织课外体育活动、组织运动竞赛和社会交际协作的创新能力
保健能力	医务监督、运动损伤急救和体质测量评价的创新能力
科研能力	创新思维、协同公关和申报课题、撰写论文的创新能力
现代科学技术应用能力	计算机捕捉信息、实际操作、多媒体课件制作创新能力

三、高校体育教师创新能力特征分析

体育教育是素质教育的重要内容和途径，21 世纪的素质教育离不开体育。体育的本质就是促进人的全面发展。人类已进入信息时代，知识经济已初见端倪，而知识经济的生命力在于创新。我国正处在一个重要的历史时期，民族的振兴、科技的发展、综合国力的提高、民族素质的增强都需要大批创新人才，这是时代的要求。中国要在国际上占有一定的地位和竞争力，必须培养大批具有创新意识和创新能力的人才。体育教学过程中要把学生的创新意识、创新精神充分挖掘出来，就要靠创新性体育教师用体育教学的特点及创新教法和创新精神去感染学生，努力创建体育教学的新体系。高校体育教师的创新能力自然具有与高校其他专业教师相同的共性，还具有与其他专业教师所不同的特性，那么，归纳起来，与高校体育教师创新能力有关的特征包括哪些呢？

（一）认知特征

1. 观察能力

观察是获得感性材料、寻求创新方向、发现事物变化、抓住事物本质、捕捉实践机遇的重要途径。只有观察力强的人，才能独具慧眼，把握客观。要培养观察能力，首先要养成勤于观察的习惯，然后再逐步锻炼成善于观察的本领。训练观察能力时，要从多角度、多层面进行，既要看表面现象，又要了解内在实质；既要观察局部，又要观察全局；既要注意偶然事件，也要注意必然规律。在全面观察的基础上，把所观察到的信息进行排列、组合、归类、分析，提出问题，发现规律，并坚持长期锻炼，不断总结经验。

2. 获得知识信息的能力

学校体育事业的迅速发展，需要教师去获取和研究日益剧增的有关信息，以便更好地为教学、训练、科研和管理服务。面对大量纷繁无序的信息，需要进行有针对性的搜集整理，加工选择，分类比较，分析研究，探索在学校体育实践中运用这些信息的条件和方法。获得学校体育有关信息的方法有阅读文献、调查访问、座谈讨论、参加学术报告等。然后把获得的资料进行分析、比较、整理、论证、推理，必要时辅以计算，最后得出有价值的建议和方案，应用于学校体育的改革实践与研究之中。信息是创新的源泉。只有掌握了大量有价值的信息，才能为创新提供必要的前提条件。

3. 创新性思维能力

它是构成创新能力的重要因素之一，是人类思维的最高形式，也是整个创新活动的核心。创新性思维能力是由想象力、多向思维能力、联想思维能力及灵感捕捉能力组成的。

首先，要具有丰富的想象力。从学校体育已有的创新成果来看，许多新的发明创新源于体育教员丰富的想象力。在学校体育实践中，不断地提出问题是产生想象力的前提；广阔的联想是产生想象力的途径；渊博的知识是产生想象力的基础；丰富的实践经验是产生想象力的必备条件。创新发源于想象。

其次，要具备多向思维能力。善于以多角度、多层面去思考问题。由于创新性思维需要产生不同寻常的思维结果，因此它要求人们从单向思维转向多向思维。对多向思维能力的培养，应注意对某一问题的思考要从全局出发，提出多种思路。当思维在某一处受阻时，应善于及时变换思维走向；当久思不得其解时，可引导注意力转向其他领域，从不同的途径去解决问题，寻找出各种具有独创的新设想。

再次，要具备联想思维能力。善于从对一个事物的思维，联系到对另一个事物或另几个事物的思维。创新性思维的本质在于发现看似没有联系的两个或几个事物之间的联系，因此，联想思维可为创新性思维起到积极的引导和铺垫作用。

知识和经验与联想思维能力有着密切的关系，知识和经验越丰富，联想的广度与深度越大，也就越容易产生意想不到的创新结果。若联想能与边缘学科的知识有机结合，那将会产生更高价值的新思维。

最后，要具有捕捉灵感的能力。灵感思维是指突如其来的对事物的本质或规律的顿悟与理解，以及使问题得到解决的瞬间思维形式。捕捉灵感的能力是指具有将瞬息即逝的灵感思维紧紧抓住，并及时加工成创新设想的才能。它是经过紧张、深入思考和探索之后产生的思维成果，具有突发性和瞬时性特征。灵感思维的出现，人们往往没有心理准备，很容易稍纵即逝。所以要及时记录下灵感思维的内容，保持思维热度，并适时向纵深化扩大思维成果。灵感的产生与艰苦积极的思维活动、丰富的知识经验及占有大量有价值的信息等因素有关。

(二) 知识能力特征

以现代素质教育为主体，以全面提高学生思想品德、科学文化知识和身心健康、发展个性为目标的新型人才培养模式对体育教师的思想素养、心理素质、知识与能力特征等都提出了越来越高的要求。由于体育教师职业的特殊性，其思想作风、业务水平、心理品质都会对学生产生深远的影响。因此，加强体育教师知识与能力的培养，不仅是时代的要求，也是高校体育教育领域里的一场深刻的变革。

1. 知识特征

体育教师的知识特征也可以称之为知识结构，是指组成教师知识系统的各学科之间组合方式及其比例关系。通过一定中介形式，使各学科的知识组合为创新型体育教师体系中的“元素”。就创新型体育教师的知识结构“元素”来说，首先是扎实的基础知识。对于教师来说，这种基础知识又是多元的，既包括教育学科知识，又包括人体科学知识。在教育学科知识方面包括教育学、心理学、管理学等学科知识；在人体科学知识方面包括运动解剖学、运动生理学、运动生物力学、运动生物化学、运动医学等。基础知识既是指导体育教学工作的基础，也是解决在教学过程中遇到难、新问题的工具。其次要有扎实的体育专业知识。这一点对于教师来说不仅是构成知识结构的核心，同时也是从事体育教学所必备的知识元素。因为扎实的专业知识可以熟练地把握体育技术的发展规律和教学特点，并能够迅速获取与体育教学有关的各种信息，掌握现代体育教学的发展趋势和方向，为不断更新教学理论和方法提供保障。除此之外，高校体育教师除具有本学科知识外，还应具备自然学科、社会学科以及管理学科知识。这些学科知识是现代高校体育教学的需要。因为现代体育教学过程是一个庞大而复杂的系统工程，需要有多学科知识的综合应用才有可能驾驭教学活动。体育教学的主体是人的教育过程，而人体本身就是一个非常复杂的系统，它不仅具有社会属性，而且具有自然属性。对人体进行创新性的教育当然要从人的本质属性出发，并具备相关学科、相邻学科知识，才有可能使教师所从事的教学工作提高到全新的科学水平上。

2. 能力特征

高校体育教师除了具备一定的知识外，还应具备一定的能力才有可能完成创新过程。这种应具备的能力不仅仅指某一种专项能力，而是各种能力的集合和多种功能及多个层次的综合体。其内在构成可以分为四个层面：整合知识的能力、教学能力和组织能力。

第一，整合知识的能力。

创新型体育教师应该具备多方面的知识，并能通过一定中介形式，使各学科的知识整合为创新型体育教师体系中的“元素”。首先，要有扎实的基础知识。对于教师来说，这种基础知识也是多元的，既包括教育学科知识，又包括人体科学知识。在教育学科知识方面包括教育学、心理学、管理学等学科知识；在人体科学知识方而包括运动解剖学、运动生理学、运动生物力学、运动生物化学、运动医学等。基础知识既是指导体育教学工作的基础，也是解决在教学过程中遇到难、新问题的工具。其次要有扎实的体育专业知识。这一点对于教师来说不仅是构成知识结构的核心，同时也是从事体育教学所必备的知识元素。因为扎实的专业知识可以熟练地把握体育技术的发展规律和教学特点，并能够迅速获取与体育教学有关的各种信息，掌握现代体育教学的发展趋势和方向，为不断更新教学理论和方法提供保障。除此之外，高校体育教师除具有本学科知识外，还应具备自然学科、社会学科以及管理学科知识，这些学科知识是现代高校体育教学的需要。“因为现代体育教学过程是一个庞大而复杂的系统工程，需要有多学科知识的综合应用才有可能驾驭教学活动。”

第二，教学能力。

教学能力是指教师将创意付诸教学过程中，并让学生在实践中顺利完成体育技术和技能的能力。该能力表现为创新型教师在教学中善于运用综合、移植、改造、重组等创新技巧。随着高校体育教育科学化进程的步伐加快。“体育教育科学化就是指以具有较高科学文化素质的体育教师及其教学辅助人员以科学理论为指导，制定科学的教学计划广泛地运用科技成果，采用先进的技术与科学的教学方法和手段，对体育教育的全过程实施最佳调控，有效地提高教学质量，从而达到理想的教学效果和提高学生身心健康水平。”现代高校创新型体育教师应具备的教学能力主要表现在以下几个方面。第一，体育教学过程控制的有效性。因为体育教学过程是一个可控制的系统，要想取得较好的教学效果，就必须对教学实施有效的监控。第二，要在体育教学实践中使其方法和手段不断得以改善，充分利用现有的体育教学成果加强教学的研究活动，重视体育教学信息的搜集与传递。第三，要运用现代人体学科知识排除危及学生健康的教学条件和手段，加强对学生的医务监督，使科学的体育健身练习方法贯穿于整个教学活动之中，为培养学生终身体育思想打下基础。

第三，组织能力。

体育教学是一个教学、训练和教育的综合过程，又是一个多层次、多因素、结构复杂的系统工程。其中，教师的组织工作是非常重要的一环，良好的组织工作能把教学的各种因素、环节等有机地连接起来，最优化地发挥其功能和作用。如果没有组织工作能力，要想完成好教学任务是不可想象的，要培养具备一名创新型教师的基本素质更加是不可能的。

组织能力是体育教学一个较为复杂的过程，它会涉及体育教学的内容、形式和步骤的各个环节。这就需要教师在体育课的组织上进行周密的设计，以使教学在具体的实施过程中得到落实。因此组织能力也是体育教师创新过程必备的能力之一。组织工作在体育教学中起纽带作用。在教学大纲的规定下，教师运用教材，结合具体情况，制定各种计划，选用教材，合理使用场地器材，充分考虑气候环境等时空条件，针对学生具体情况，做多种多样的组织工作，把教学的诸因素串联起来，这样才能把教学工作具体化、系统化、完整化，所以说“组织工作”是体育教学工作的纽带。另外，由于教育中的诸因素都是通过组织这一手段进行组织、配合，使整个教学过程都有良好的目的性、计划性、系统性、程序性、整体性，因而能使体育教学朝着预期的目的进行。比如，在组织工作中的措施、常规要求等就明显地体现出对教学顺利进行的保证作用。而且，组织工作对体育教学起着优化作用。为完成体育教学工作，必须尽量努力去选择和发挥各教学因素的应有作用。因此，组织工作本身应该是科学的、讲究效率的。因而，好的组织工作，必然对教学起优化作用。比如，科学地确定学生练习的内容、方法、形式、次数和要求，会收到练习的良好实效。

3. 人格心理特征

创新的时代赋予了教师创新的机遇，创新的事业为教师提供了创新的舞台。社会的发展、学生的成长需要教师去创新，创新型教师的成长需要从创新人格心理特征的形成起步。“教师的人格，即教师的职业人格特征，是从事教师职业的个体所应具有的个性心理品质。”教师的职业表现对学生的影响是长期的，不仅影响学生的学校生活，还可以影响学生的未来。因此，教师的人格和心理健康水平直接或间接影响学生人格和心理的发展，制约着教育的效果。“体育作为学校教育的重要组成部分，是与学生直接接触最多、互动最充分的一门学科，体育教师的人格和心理健康也必然对学生产生重要影响。”目前有关教师人格、心理健康研究很多，但大多集中于文化课程，对于体育教师的研究相对较少。因此我们认为，高校体育教师的人格心理特征应该包括如下几个方面的内容。

第一，执着而坚定。

创新的教学活动和过程是一种充满探索性和实验性的工作。其间难免遇到困难甚至失败，可能还会遭到传统评价者的指责，受到别人的冷嘲热讽，遭遇学生和家长的误解。因此，创新型教师需要具有坚韧不拔、百折不挠的意志品质。因为教育的效果并不是立竿见影的，其效能的证明需要时间。当人们长期沉浸在一种既有习惯中时，往往对创新者的行为熟视无睹，甚至产生一种对创新者失败结果的渴望，从而对创新行为产生巨大的舆论阻力和使创新者承受强大的心理压力。“教育工作往往是育人过程在学校，育人效果体现在社会，存在一个评价上的空间差和时间差，因而创新型教师应以对学生产生负责的态度，执着坚定、无怨无悔地对待学生与事业。”

第二，灵动而有激情。

爱因斯坦说：“促进人们去做这种工作的精神状态是同信仰宗教的人或谈恋爱的人的精神状态相类似的，他们每天的努力并非来自深思熟虑的意向和计划，而是直接来自激情。”教师的这种深厚的情感来源于对教育事业的热爱，他不单纯地把教师职业当作是一种谋生的手段，而是当作能够实现自我价值、能够从中得到快乐和幸福的事业，并且确信通过自己的努力，可以得到社会的认可与尊重。与此同时，他也不单纯地把学生视为工作的对象，而是当作能与之相互学习、交流的友人。源于教师内心对教育事业的无限热爱与不懈追求是教师创新的源动力和发动机，是教师创新的灵魂。

西方很多学者也认为，人的创新力、竞争力、工作效率与人的性格有关。成功人士大多充满激情、征服欲强、进取心强。在创新型的影响因素中，情商因素不逊色于智商因素，带着感情看人，带着感情做事，往往会收到意想不到的成果。现今不少管理者和教师在管理工作和教学工作中都极其注重对学生情商因素的研究。研究表明，情商因素通过对个体情绪、心境等诸多微妙心理因素的影响，加强或弱化人的意识、动机，从而进一步影响到人的具体行动。创新型体育教师应当具有稳定的情绪，同时还必须富有激情，其情感和思维是灵动的，以此来推动创新动机，激发创新欲望。托尔斯泰说：“我们创新，没有激情是不行的。”特鲁斯坦雅克说：“如果有人认为世界上有什么比教学这一职业更为崇高，那么他们就是一点也不了解这一行。我们热爱教学，热爱学生，热爱自己所教的学科，我们充满了创新的激情。”

第三，明显的开放性。

开放性是指教师的变通性和包容性，也是指教师爱好交流与学习，具有多维的价值观，能够多角度、多层面地分析问题，研究现象，能够接受不同的意见，倾听来自不同方面的声音，能够分析、整合不同信息，形成全面、生动的评价。现代社会是一个全方位开放的社会，封闭不会引发创新，不会引起思维的开放，人格的开放能够互相启迪，求异求新。因此社会要开放，国家要开放，学校要开放，思维要开放。具有开放性人格特征的教师才会培养出具有开放性和创新性的人格的学生。“创新型教师是善于沟通，热衷学习的教师。教师要善于运用实地观摩、专题交流、网络查询等手段和途径，借他山之石，学他人绝技。”

开放性是创新型体育教师人格特征的重要组成部分。21世纪的教育，应该是开放的、创新的、以培养创新型人才为根本目的的教育。研究和探索高校体育创新型教师素质的培养，注重高校体育教师的开放型人格特征的塑造，是中国体育教育改革与发展的需要，是新时期体育事业发展的需要，更是现阶段创新人才培养的需要。因为，只有具有开放型人格特征的教师，才会培养学生具有开放性和创新性的人格。面对知识经济大潮，面对世界文化范围内知识共享的机遇，高校体育教师应该在思想上开放，在视野上开放，以适应教育发展的需要，因为创新意味着在深度上进一步深化、在广度上进一步拓宽。

第四，应有明确的目标和强烈的自信。

明确的目标，是高校教师行为的准则；强烈的自信，是高校教师行为的内在驱动力，也是创新思想不竭的源泉。要创新，就必须打破以往的“思维定式”，突破过去的“框框”；要创新，又必须采取新的教学内容和方法。只有有了目标和自信之后，才可能树立漠视困难、挫折与失败的勇气，才能不断地扬弃自我、超越自我。唯其坚定自信，才能以昂奋的精神状态去拼搏、去奋斗。

第五，应有顽强的毅力和果敢的行为。

每一个创新的目标都是高强度的智力与意志的活动。高校体育教师如果没有在一定的时间里围绕某一创新目标持久而专一的热情，与不达目标誓不罢休的决心，是不可能开展好创新教育并获得成功的。正如爱迪生所说：“天才是1%的灵感与99%的汗水”。要培养大学生的创新品质，教师没有“不管风吹浪打胜似闲庭信步”的坚韧性是不可能实现的。在开展创新教育的过程中，有很多事情是需要高校教师“决策”的，而如何决策却含有一定的“风险”。为此，具有不怕失败、不躲避困难，迅速地明辨事实，机智灵活地防范利弊，果断地做出决策，才能达到创新的目的。

第六，应有竞争意识和危机感。

马克思认为：“竞争是人类进取心的反映”。列宁也曾说过：“竞争是极力地在广阔的范围内培植进取心、毅力和大胆向前的精神”，俗话说“打铁先要本身硬”。这些道理都向我们揭示一个道理：培养大学生的竞争意识，高校体育教师的竞争意识要灵活。创新人走的是别人没走过的路，要竭尽全力独辟蹊径，要在百舸争流的竞争中不甘落后、有新成就，因此，缺少了竞争意识是绝对不行的。同时，我们也必须看到，危机感与竞争意识是一对孪生兄弟。特别是在当今改革与开放的社会生活中，机遇与挑战并存、困难与希望同在，只有时刻在自己头上高悬一把达摩克利斯之剑，才能在巨大和深刻的变革中，迎接更大的挑战。

第七，具有强烈的好奇心和质疑精神。

对科学现象和教育教学现象是否具有强烈的好奇心，对权威和书本是否敢大胆质疑，是教师创新性思维的重要因素。拥有好奇心和质疑精神的教师，往往对未知和不确定的事物、现象充满兴趣，这种好奇心和质疑精神使他们能比他人更准确地发现事物的不完善、知识的空白、成分的残缺、关系的不协调，也使他们能从偶然的现象、表面的现象联想和探寻到事物的本质、内在的联系，为进一步的创新奠定基础。在教学、科研工作中，这些教师往往敢于标新立异，经常有惊人的“一鸣”，善于总结事物发展规律，但不受传统思维模式限制，常有超乎常理却又符合事物发展规律的想法和观念。

第八，具有打破陈规的意识。

教育工作的目的是把一个个具有不同特点的学生教育成社会需要的各个方面人才，所以教师不能墨守成规，也不能一味地囿于个人经验，而是要敢于借鉴、勇于开拓、打破陈规，依据课程变化、学生变化的具体情况，不断寻求适合教育对象和自己的教育方案、方法和手段，使自己的教育教学活动更加科学、完善，并逐渐形成自己独特的教育风格。受传统观念的束缚，中国教师非常注重别人的看法和评价，导致其在教育教学工作中畏首畏尾，缺乏创新能力，因此，这种打破陈规的意识对于教师的创新人格的培养非常重要。

四、培养体育教师具有创新能力的意义

教育对人的个性张扬，以及对激发人的创新精神的高度关注，体现了我们这个时代的灵魂。当前我国教育改革的核心目的就是培养学生的创新性。改革就是消除制约学生发挥创新性的因素。教师是学校教育活动的组织和实施者，也是学生智慧的开拓者，学生心灵的陶冶者，教师的素质必然成为培养创新性人才的关键因素。

（一）创新能力的提高有利于体育教师自身的发展

人是在创新活动中并通过创新来完善自身的。学生的成长和教师的发展具有同样的意义，甚至从某种角度上讲，后者要重于前者。因为，教师的发展是教育成功和学生发展的前提，也是丰富与提升教师生命内涵的实现途径。教师创新性的提高应是教师发展的重要内容和主要目标。如果我们的教师能把“培养人”作为真实的教育目标，把“自我发展”作为个人价值的选择，那么，他们在工作中所面临的一切困难和障碍，无非只是对现有的知识、能力、人格发出的挑战，从

而成为推动他们不断学习、反思、探索、创新的不竭动力。正如叶澜所说："只有用创新的态度去对待工作的人，才能在完整意义上懂得工作的意义和享受工作的欢乐。"

注重教师发展和教师专业化已成为当今世界各国教师教育和师资队伍建设的主要趋势。通过教师专业化程度的提高来提升教师地位，改善教师工作质量，达到促进教育发展的目的。因而研究教师发展、教师专业化是当代教育领域的热点课题。舒尔曼曾指出，教师专业化应具备以下六个方面的基本特征：①在服务社会过程中将道德力量与知识创新联系起来；②以先进的教育理论与专业知识作为职业支撑；③教师的专业知识在实践中应用和发展；④面对教育实践的不确定性做出正确的判断和决定；⑤在实践反思中发展自身的经验体系；⑥依赖专业团体实现合作探讨和专业评价。上述六个方面特征的实现无不有赖于教师创新性的发挥，创新使教师超越了以往工匠式的教学技能模式，走上了反思探究、自主发展之路。创新性的高低也成为衡量教师专业化程度、教师发展水平的重要指标。

（二）创新能力的提高有利于学生创新性的培养

很难设想，如果教师自己对世界并不好奇；他又怎么会使学生产生好奇，如果教师自己的思想是封闭的，他又怎么会使学生形成开放的态度；如果教师自己没有体现出反思的价值，怎么会使学生重视思考；如果教师本身不具备创新的态度和价值观，他又怎么可能有效地教授它们。教师不仅需要熟练掌握学科知识及其独特的认识世界的视角、维度与思维方式，而且更应该充分挖掘学科领域内伟大的发现过程与创新过程，展示其中蕴涵的科学精神与人格力量。也就是说，教育应该用富有创新精神的人去培养、塑造具有创新精神的人。

美国心理学家托兰斯研究发现：教师在培养创新性动机测验中的成绩与学生的创新性写作能力之间存在一定的正相关，这说明教师创新性的高低对学生创新性的培养是相当重要的。另一项研究探讨了教师的态度对学生创新性的影响：教师对学生自主性的重要的认识，与学生倾向于挑战、好奇、独立控制自己的愿望有明显的相关。可见，教师在教学中的态度会影响学生的内部动机，进而影响创新性。因此，教师的热情会带动学生的热情，教师的创新会引发、带动学生的创新。从这个意义上，我们可以说，教师的创新性是学生创新性的活水源头。

（三）创新能力的提高有利于学校教育改革的实现

教育改革是学校教育前进的动力与过程。学校教育改革的实现与教师创新性的发挥与提高应该是统一的过程。而以往的学校教育改革，基本上走的是一条从外而内、从上而下的路子。常常是由某种理论作先导，行政手段作鞭策，在学校中贯彻、实施、推广。教师只是改革方案的简单执行者。当今，无论是理论研究者还是实践工作者都意识到：任何一位教师以及他所面临的任何一个教育情境，都是具体的、独特的、不可重复的、长年积累的独具个人性的实践经验是其他人的经验无法替代的，也是任何一个理论所不能完全验证、解释得了的。以往的教育改革实现的仅仅是物改，着眼于教科书、教育技术设备、教育制度的改变，忽视的是教师教育观念、教育教学行为的改变，教师工作方式的改善以及进而所能引发的教学模式的真实改变。如果不能充分发挥教师的积极性与创新性，并且落实到他们的具体教学实践中，中国的教育改革，就如钱理群先生在一篇序言中所说的那样："仅仅成为一阵喧嚣"。

杜威曾强调指出："所有其他的改革都取决于从事教师职业者的素质和性格的改革。正因为教育是人的一切事业中最个人化的、最切己的，它的力量的最后凭借和最终来源便在于个体的训练、品质和智慧。假如能拟订一种计划，使教育这个职业得到有力量、素质好、同情儿童以及对于教学和学术问题有兴趣的人，那么，教育改革就不再有一点麻烦，也用不着再去解决其他的教育问题了。"事实上，教育的真实改变应该体现到人的改变上。只有深入到教师活生生的教学生活中，了解教师的"个人化理论"，帮助教师学会在教育行动中反思，从而培养其自我创新意识和自我创新能力。当每一位教师能够认清并改善自己的工作方式的时候，就是教育改革真正获得实效的时候。

第二节　高校体育教师创新能力的制约因素

一、环境因素

（一）社会文化的消极因素是体育教师创新能力发展的阻碍

文化环境与创新性之间的联系是创新性发展研究中的重要内容。不同的文化对创新性的本质有不同的理解和侧重[①]。如产品导向、独创导向的理解更多地来源于西方的价值观，而东方文化则侧重于传统的价值和个体心灵的升华。文化价值观深刻影响着人们创新性努力的方向，并决定着对创新性的态度。

---

① 苏苗．影响普通高校体育教师创新能力的因素分析［D］．湖南师范大学，2007：18.

传统是过去在历史中的沉积，又是历史在现实中的再现。中国传统文化的一大特征是重集权，分尊卑。这种文化价值观一方面与当时等级森严的国家制度保持一致，另一方面也给后人留下了君权独尊及崇尚权威的价值遗产。教师严格遵循国家的教学计划和标准，不能擅自改动，成为国家政治的代言人和国家机器的一部分。师道尊严在“崇尚权威”的推动下走向了极端，教师对已设计好的课程目标丝毫不怀疑，学生对教师传授的东西丝毫不怀疑。就如荀子所说：“言而不称师，谓之畔；教而不称师，谓之倍。倍畔之人，明君不内，朝士大夫遇诸涂不与言。”在教学实施中，把学生当作是接受知识的容器，满堂灌、填鸭式、照本宣科的教学行为方式就是顺其自然的选择了。其二，传统文化尚中庸，求统一，持“天不变，道亦不变”的世界观。“中庸”乃中华民族深刻的处世智慧，它把世界理解为相互依存、相互制约的动态结构，用“权”“时中”和“适度”的方法去处理协调各种关系，把矛盾冲突限制在质量互变的“度”的范围内。贵和谐、尚中道，中庸信念在中华民族及其文化的长期发展中构成了社会稳定、安宁与协调发展的精神支柱。然而，保守思想、畏惧变化、循规蹈矩、相随共生，钝化了人们求新、求异的思维，扼杀了个体的创新动机。决定世界万物的“道”是不会变的，一切真理即在圣言、经典之中，即所谓“信而好古”，因循守旧成了人们的行为规范，“标新立异”则为离经叛道。

我国的传统教育在价值取向上一直青睐社会本位，从社会对个人的外在要求出发，认为教育的任务就是为社会培养出适合从事相应职业的人，把个体过分统一化和社会化，而不是把个体当作具有独特的发展需要，具有选择能力的能动体，忽视个性的文化取向妨碍了独立人格的发展，从而窒息其创新的意识与能力。“必须把一切活动都纳入某种社会目的。其结果就是使我们模糊了对科学和艺术创新自身特性的认识，造成了更少有原创性创新的局面，甚至堵塞了许多创新的源泉。”教育仅仅从社会角色来看待人，教育与人都成为社会的存在，否定了教育本身应有的超越性。反映在如何看待教师职业的问题上则崇尚唯工具理性，造成教师之于社会而言的外在价值完全取代了之于自身生命发展而言的内在价值。教师成为传递的工具。时至今日，重权威，尚统一，忽略个性的教育传统并未发生根本性的变化。重权威是对自身主体力量的怀疑与否定，尚统一是对求新、多元的现代精神的排斥与抛弃。要改变根深蒂固的传统行为方式，绝非易事，这也是多次教育改革演变为“穿新鞋，走老路”的重要原因。应该看到，创新与多元是当代文化与社会发展的核心理念，深受文化影响的教育领域必汲取开放、进步、创新的时代精髓，导引教师发挥更富创新性的主体力量。

（二）传统的教学观念是体育教师创新能力发展的阻碍

体育教师创新能力的发展首先受到传统教学观念的制约。传统观念主要表现在两方面：一方面是课程体系建设的制约。“传统体育课程体系建设模式的特点是研究人员或专家设计改革方案，进行开发和传播，再由体育教师接受研究者的思想和理论付诸实施。”这样体育教师在整个实施过程中，只是被动地、机械地把它们变成实践，缺乏教师的参与和认真思考；另一方面是传统教学模式的影响。“传统教学模式在教学目标上力求一致性，内容安排上强调系统性，考核标准注重竞技性，组织形式体现规范性，学生学习要求纪律性，管理呈现机械性。”体育教师在这种传统模式的长期禁锢中，形成了一种相对固定的思维定式，从而产生一种不善于思考研究、积极进取、开拓创新的惰性心理。尽管新的体育课程标准已经实施，体育教学改革不断深入，教师在教学中的被动性和机械性逐渐被淡化和更新，但教师在长期传统的“法定课程”中形成的传统观念和惰性心理，仍然根深蒂固地制约着教师创新能力的发展。

（三）功利主义的泛滥对体育教师的创新能力形成负面影响

人的创新能力的形成并不是一种给定的方法、技术和手段习得，而是人的内在素质的提高和创新性文化模式的生成；在信息化时代，创新首先不是少数精英的技术专利，而是大多数人的内在创新力和个性的普遍发挥。张慧洁在《大学教师创新力的形成及影响因素》中指出“而现在的状况却是，创新的重心常常从人的个性和创新力的培养和开启，以及自主创新能力的培养，转变为具体的技术、项目、方法、手段的模仿和拷贝、照搬和应用。”在与高校体育教师创新有关的影响方面表现在：首先，高水平的科研成果受到重视的程度往往远远超过了人才培养的意义，重视指标的程度远远超过了重视对学生的教学效果。所以，体育教师在相当大的程度上，以是否带来经济效益作为自己进取的标志。在这种情况下，创新本然的东西，培养学生完全放到了一边。其次，许多高校片面强调高端科研成果给学校科研带来的声誉方面的效应而忽略了本科教学的倾向。本科教育是创新的原点，而这个环节被许多大学所忽略，任何规模的扩张都要由相应的纵向来支撑，否则，必定失败。这是著名的经济学家威廉姆森提出的论断，而现在的情况是非但不能创新，甚至连起码的发展都难以再次保证，重视理工、轻视人文社会科学的现象依然严重，特别是像体育这样的公共科目，更加不受重视。所以，长此以往，就容易造成人文精神的衰竭，这也是高校体育教师创新能力和创新意识被扭曲的一个方面。

此外许多高校重视有形的指标，忽视无形的人格力量也是一种司空见惯的现象。在传统的利与义方面，重利轻义。这表现在对教师的具有一定含金量的考核上，简单化的市场竞争法则来取代学术自身的发展规律，会不可避免地带来急功近利的学术风气和浮躁心态。目前，绝大多数高校把量化考核，即把教师发表的文章数量作为评价教师科研能力，决定聘任与职位晋升的重要指数。这就促使高校教师在残酷的竞争压力下，不得不追求论文发表的数量。从表面上看，学术界繁荣，实际上由于只追求论文发表数量而忽视了教师的人格养成，并没有带来学术的真正繁荣，并且简单化的市场竞争法使学术和大学职业环境发生改变，可能造成知识分子精神的萎缩。有人戏称：在年度考核制度的压力下，那些有志成为大师的人，不是饿死就是成了待业人员了。可以想象，教师们成天生活在职业生存的焦虑和压力下，其社会地位的下降，职业尊严感的丧失，最终会造成知识分子独立性与批判性的丧失，创新精神也消失殆尽了。

还有，学术人员在进行科研活动时的内心世界被管理者所理解、所尊重与否，学术人员的劳动价值为大学利益机制所公正兑现与否，学术人员在学术群体中互相学习、交流、碰撞、批判所产生的学术思维活跃与否，学术人员具有献身学术理想而执着进行学术劳动的坚韧与否，都是创新能力形成的重要影响因素。

（四）学术民主的贫乏影响体育教师创新能力的发展

创新是思维的产物。要进行创新思维或创新性活动，思维主体除了该具备足够的知识准备、实践经验和科学的思维方法之外，最主要的就是要有充分的学术民主。学术民主包括客观的民主环境和主观的民主意识，这两方面缺少任何一方，都会直接或间接地影响人们的创新思维和创新性活动。学术性是高校的本质属性，学术活动是高校的中心活动。高校的学术研究、人才培养、社会服务等功能决定了高校应以学术民主管理为主，实行教授治校。但现实的问题是，高校多是以学术行政管理为主导，学术民主管理弱化，教学、科研人员在某种程度上成为执行行政命令的工具。在我们的教育管理体制中，教育行政部门对学校管得太多太死，学校缺乏一定的自主权，只能在统一规定的教育模式中运行和发展。行政部门和学校领导对体育教师的考核和评估也存在许多缺陷。对教师考核和奖励的本意，在于通过评价建立激励机制，不断提高教师的教学、科研能力，提高教师的责任意识，进而增强高校的竞争力。但由于学术行政管理中种种不符合学术规律因素的存在，教师们觉得不堪重负。高校体育教师的“怕”主要与工作有关，与高校的工作环境、管理体制、保障体系不完善有关。如科研方面的频繁统计和公示，脱离实际的鼓励和奖励，一味追求文章的数量或文章发表刊物的级别，给高校教师造成巨大的心理压力。频繁、烦琐的检查评比，过于细化的管理指标，把一些教学工作中不量化的东西硬性量化打分，这种管理限制了体育教师的教学自由，压抑了体育教师的教学个性，等于让体育教师“戴着镣铐跳舞”。对体育教师队伍建设缺乏一套行之有效的能上能下、能进能出的竞争激励机制，难以调动体育教师的积极性，难以促使体育教师按有利于培养学生创新思维的要求开展教学，使得体育教师在“做一天和尚撞一天钟”、得过且过的状态下应付日常的教育教学工作。学校的一些规章制度缺乏针对性和实效性，在严格的规章制度控制下，教师只会照章办事，缺乏创新性。学术民主则没有严格的等级制度，主张营造民主宽松的学术氛围，强调创新性和享有自由空间，具有分权的特征，其结构是扁平化的、松散的，便于重组和整合。

二、学校管理体制因素

（一）教师评估的信度和效度不力

信度是指评估的可靠性，即是否能准确地对教师的教学与科研做出较客观的评价；效度，即有效性，通过评估是否达到提高教师教学与科研水平的目的。作为评估对象的体育教师，其评估主体是多种多样的，可分为他人评估和自我评估，他人评估包括社会评估和高校内评估，高校内的评估主体又有教育管理者、学生和教师团体之分。

首先，社会评估方面。

社会评估一般是看学校的办学质量、人才的素质水平、知识水平和运用知识的能力如何，关注的是高校培养的人才是否能适应时代的要求和社会变动状况，社会是从学生的质量和水平来看待教师的，这虽然有些片面性，但也是反映教师水平的一个侧面。社会对不同层次和级别的高校会有所偏见，存在着一种“马太效应”现象：“名校在职教员，特别是少数研究人员，他们发表论文和引起其他研究人员注意的机会较多，并且直接影响到引用次数和各种奖励的领取次数等。”社会的先入为主的观念会影响社会对不同层次高校中教师的客观评估，从而影响教师的创新。对于重点高校的教师而言，可能会满足于现有的成就而驻足不前，也可能面临更大的社会压力；而对于普通高校的教师而言，社会压力会更大些，可能会为了迎合社会的要求而被动进行学术研究，削弱了独立自主性，这就是一些文章产生的思想根源。

其次，高校内部的评估方面。

教师应该在哪些方面进行创新？是教学方面还是科研方面？还是两方面同时

兼顾？培养人才是高校的重要社会职能之一，进行教学和科研是教师应承担的责任，也是教师必备的基本素质和能力。评估的标准偏重于一方，往往会引起教师创新方向的偏移，而这种有所偏倚的评估标准本身的科学性和合理性就值得怀疑，实际上是对教学规律错误认识在评估活动中的具体体现。高校在对教师的评估中，看重教师发表论文数，做了定量的规定，对发表论文的期刊层次做了定性的规定，而且这些要求有日益上升的趋势，追求高层次化，建造科研的空中楼阁，而忽视对教师教学水平的定性和定量标准的相应提高，在提高的同时又具有盲目攀比性，忽视了教师自身的特点和能力、水平。哪些教师应该创新？知名教授该不该创新？知名教授之所以为人们所称道是基于他们过去的创新性的学术成果，但学术没有终身制，过去所有的成绩并不代表现在乃至未来所会实现的成就，如果他们疏于创新，不思进取，其学术之树也会失去赖以生存和发展的根基。

造成这种局面一方面原因在于把教学与科研全然分离，认为两者互不相干。高校的教师虽是以科研带动教学，但教学过程中教师也会有灵感的火花。所以说教学和科研是相互促进、相辅相成的，如果只谈教学而不重视科研，则不能更深层次地提高学术水平，如果重科研而轻教学，科研就会失去坚实的基础，会落得“纸上谈兵”的危险境地。另一方面原因在于，科研成果与职称评定的强相关性，最终与个人利益挂钩，这种功利性的动机使科研占了上风。

重科研轻教学的风气产生的更为严重的后果是使学生成为老师为个人名誉之争的牺牲品，高校培养人才的基本目标因此被弱化。发挥教师的创新能力不仅仅是对于教师个人的发展和成长有很大的促进作用，更重要的是完成培养创新人才这一重要任务。如果教师创新只是为了个人的职称、声誉等个人的利益，而最终不能贯彻到培养人才的教育实践活动中去，那教师创新的意义就不完整，甚至是歪曲的。

再者，评估指标体系中个体差异问题。

“个体内差异评价法是把被评价集合中的各个元素的过去和现在比较，或者一个元素的若干侧面相互比较。”简而言之，个体内差异评价法是把被评对象放在纵向和横向的空间里比较，对照现实的状况，从而预测被评对象的发展趋势。这种标准更重视个体差异，能比较真实地反映被评对象的发展水平和程度，避免了被评对象之间由于忽视起点不同所达到的成就差异明显。各个教师的水平起点不同，不能简单划一作硬性要求。不能把刚入校任教的教师和资深的教授放在同一起跑线上比较，否则评估就是不平等的，也是不科学的。同样也会制约青年教师创新能力的发展。

（二）体育科研管理体制不健全

过去，科研需求主体是国家而不是企业。这种体制对国家确立的科研主攻方向来说，借助于政府调控，组织力量，攻克堡垒，收效显著，例如，“两弹一星”，但对广大高校教师而言则缺少对创新的强烈的社会需求，缺少创新的内在动力。

就目前而言，无论是社会还是高校，从科研项目的申报，到科研成果的评价，到科研成果的转化，再到知识产权的保护，存在许多不科学、不规范、不合理的现象。创新氛围倍受社会上不良因素的干扰，其中最突出的问题是学风问题，困扰着学术界和教育界，使一些知识分子缺少与其层次相应的素质，而且不良学风又感染着一代又一代的学子，让许多本来很有可能成为创新人才的青年教师流于一般。学风问题的突出表现是缺乏求实的态度和求是的精神，不重视学术的扎实基础，不讲究治学的深厚底蕴，追求于做表面文章，满足于浅尝辄止。受社会上急功近利、急于求成之风的影响，学术界和教育界的一些人士做学问想一举成名。与这种气氛相呼应的是：有的人出钱买文凭、买文章、买著作，作为自己评定专业技术职称的资本；有的人动辄就著出或编出大部头著作或丛书，让人看得眼花缭乱、精疲力竭，也难以领悟出其中“深厚”的学术价值；有的人承接科研课题不是靠学术优势，而是凭关系和活动能力，以致许多有实力、有工作条件而缺乏活动能力的人争取不到科研课题或项目……这种日益浓厚的市侩气氛，日渐淡化的学术风气，致使不少人的专业技术职称与其学识能力大相径庭，也使不少人得到的荣誉、奖励名不符实。这样的学术风气不仅不利于高校创新型教师的成长，还会腐蚀掉一代知识分子。

引用新制度经济学的观点，这些都属于“搭便车”的现象。“搭便车”使市场机制中的激励机制失灵，人们所获得的与其所付出的并不一致，那些投机者通过“搭便车”而比别人（那些实干的人）获得更多的收入，这就必然刺激一些人的投机行为。“搭便车”使社会的创新机制萎缩，在能够“搭便车”的情况下，人们是不会创新的，同时大量的“搭便车”行为也使那些创新者不得不停止创新，因为“搭便车”者免费使用成果必然使创新者处于“创新就亏损”的境地。

（三）体育科学研究薄弱限制创新能力发展

体育科学研究促进着创新实践能力的发展。体育科学研究不仅能够增长学识、增强逻辑思维能力，而且对调查、实验、写作等能力的锻炼与提高都具有独特的功效。体育科学研究的过程实质就是对创新实践能力的培养过程。可体育教师目前的科研现状不容乐观，高校教师相对好于中小学教师，但也有部分高校教师科研认识不够，目标单一，研究浮躁，只是为了评职晋级，一旦达到目的，就终止科研。“高校教师多数科研意识淡薄，科研能力、层次较低，缺乏学术气氛，发表学术论文的质和量都有待提高，特别是学术带头人严重缺乏。”这一现状限制着教师创新实践能力的发展，也制约着学校体育的改革进程和教师综合素质的提高。

三、个人因素

（一）自身知识、技能积累不够束缚创新能力的发展

知识、技能是创新能力发展的基础。体育教师知识、技能的获取主要通过学生阶段的学习和工作实践中的自修。体育教师在工作实践中，由于体育教学对体力和精力消耗大，课余需要一定时间进行身体恢复，使自修时间相对减少，同时又面临着在校所学部分知识、技术暂时或长期不用的遗忘；当今知识更新速度的加快；随年龄增长技术技能的下降；各种传统观念、不良现象的影响等，都会给教师本来有限的知识积累带来挑战。如果不能利用一切时间进行科学的学习以增加知识、技能积累，这有限的知识、技能势必束缚着创新能力的发展。

（二）偏肢运动影响创新能力的发展

脑科学研究表明，大脑分左右两个半球，左半球支配着右侧身体活动，是处理语言，进行抽象思维、分析思维、逻辑思维和集中思维的中枢；右半球则支配着左侧身体活动，是处理表象，进行具体形象思维、发散思维、直觉思维的中枢。“科学家们还应用示踪原子研究发现，当遇到新问题需要创新思考时，示踪原子的密集区恰好落在大脑的右半球。进一步说明大脑右半球是创新思维的发源地，是创新性半球。”体育教师教学的一个显著特点就是按照一定技术要求进行身体运动。实践表明，绝大多数体育教师习惯运用右侧肢体，即右撇子进行技术教学示范，而在日常生活中的肢体运动同样善于运用右侧。从运动数量上讲，左侧肢体的运动明显少于右侧，根据大脑两半球对身体活动交叉支配的原理，左侧身体活动对大脑右半球功能的锻炼明显少于右侧身体活动对大脑左半球功能的锻炼，进而影响其右脑开发和创新性思维能力发展。

(三) 惯性思维的禁锢影响创新能力的发展

惯性思维又称思维定式和顽固思维，是由于先前的活动而造成的一种思维准备状态。惯性思维使人以比较固定的方式去解决问题。当客观环境无变化时，它有助于人迅速地解决问题，这是惯性思维的积极影响；但当环境变化时，它又常常阻碍人们去解决新问题，这是惯性思维的消极影响。惯性思维是人类思维进化过程中残存的原始本能表现，从表面上看，又是经验思维的一种惰性。它是人们在实践活动中产生阻碍或造成虚假判断的根源之一。在我们教师的教育教学过程中也存有许多惯性，需要我们努力去克服。特别是体育教学活动中，惯性思维很容易造成教师建立主观片面的判断，影响了体育教师的创新能力的培育和发展，严重阻碍了体育教学任务的顺利完成。因此，在体育教学活动中，必须重视惯性思维对体育教师创新能力的影响的研究。

近来，因体罚而造成学生人身伤亡的事件屡见报端，令人触目惊心。学生犯错误是常有的事，问题是如何对待这些错误和犯错的学生，体现一个教育者的心态。由于惯性思维，作为教师往往高高在上，而现在我们希望教师要有耐心，讲究教育的艺术，学会宽容，给学生醒悟的时间和空间，切忌简单粗暴。这种传统的师生关系惯性思维就严重影响了教师的创新能力的培育和发展。在当今社会，我们每个人都应该具备既是学生又是老师的虚心好学，教学扬长的优秀品质。对此，我们体育教师要有清醒的认识，主动因体育教学的需要，努力在知识、信念、观点、态度、行为、角色等方面做出改变。联合国教科文组织的文献《学会生存》中明确指出："在教师和学生之间也有一种十分死板的等级关系""统治者和被统治者的关系"。我们必须清楚地认识到，惯性思维的禁锢使师生关系在体育教学中出现的偏失，体育教师的等级观念常常还会在不经意间表露出思维惯性、感情底色和深层预期。因此，作为体育教师保持对培育创新能力的热情、自我洞察、自我反思的强烈愿望以及终身学习的意识是有效地调整自己、改变自己、提升自己，使自身的教育观念不断更新，教育行为和角色等不断优化的重要基础。

惯性思维的禁锢也同样阻碍了体育教师在教学方式的创新。教学最大的忌讳是雷同，没有根据地一味模仿别人，或者照搬别人的经验，缺少个性，大多是不会成功的，当然也是没有生命力的。经验固然重要，但同时也会固化人的思维。教师要创新就必须为实现新的教学目标和培养目标对自己原本熟悉的教学内容、形式、方式、方法、手段等进行重新审视和考虑，做出新的选择与设计。这种破旧立新、富有开拓性的活动，无疑需要投入大量的时间、精力，在缺乏有力制度要求的背景下，一部分教师表现出了得过且过的思想惰性。比如，一些教师由于多年的教学实践，已习惯于驾轻就熟的讲授法、记忆法、练习法，而对侧重学生自主学习、探究学习、合作学习等有利于培养学生创新意识、创新精神、创新能力的方法一时难以接受。他们担心用这些方法后，学生学得不全面、不系统，不能完成既定的教学任务，因此，他们采用传统的方式，年复一年、日复一日地重复“昨天的故事”。他们认为，只有这样才能保证教学任务的完成与教学质量的提高。为师者是否冲破了习以为常的旧的教学观、教师观、学生观的藩篱，是否仍在循规蹈矩地演绎着数年不变的程式而自得其乐，这将直接影响着学校的体育教育教学的创新能力的培育。在改革中，很大程度上我们需要战胜的最大敌人是我们自己，而这个“自己”就是自己的惯性思维。教学求创新，教育贵思考，当换个角度跳出原有惯性思维的框框时，我们就走上了一条新路。思维固化，故步自封，就意味着灭亡。我们教育者必须与时代同步，与教育发展同步，自我清醒，不断反思，克服惯性思维，冲破经验主义的怪圈。因此，体育教师必须摆脱思维的单一性、僵硬性和习惯性，打破固定不变的思维框架，使思维具有多变性、灵活性和独创性，我们才能在改革创新中预约成功。

综上所述，制约教师创新能力发展的因素是多方面的，并且各种制约因素是相互作用、彼此联系地影响着创新能力的发展，客观正确地分析这些因素，找出问题存在的根源，逐步给予解决，才能使其创新能力不断得到发展与提高。

第三节　高校体育教师创新能力的提高策略

《学会生存》中明确指出：“教育具有培养创新精神和压抑创新精神的双重力量。”好的教育能够充分施展培养创新的力量，提高受教育者的创新素养，而不恰当的教育则可能构成对创新的打压与窒息。因此，加强体育教学的创新教育，必须先审视教育自身，必须从教育和教育者的自身改革创新做起。

一、更新观念，提高创新意识能力

（一）树立正确的创新观念，不断增强创新意识

观念影响人的思维和行为，同时也影响着人的能力发展。要实现创新能力的

持续发展与提高，体育教师首先必须树立正确的创新观念①。一是体育教师要有创新的价值观。创新是人类赖以生存与发展的重要手段，是社会前进的动力，是个人成才之基础。创新能力是生产力诸要素中是最核心的要素，具有神奇的力量。创新是人类本质的最高体现和表征，发展创新力就是维护人类的天职，就是珍惜人类进化的成果。二是体育教育要有动态的知识观，不能把知识看成绝对的真理，不墨守成规，不迷信权威，敢于标新立异，不以固定观念看待事物，不以老经验解决新问题，要认识到知识在被个体接受之前，它对个体而言是毫无权威的。教师对知识的学习接受，要靠自己的建构来完成，以自己的经验、信念为背景来分析知识的合理性。三是体育教师要有积极的文化观。“历史发展表明，积极的文化观念对创新能力的发展和发挥起推波助澜的作用。而消极的文化观念则会严重窒息创新精神和创新能力。”创新意识强的人会有强烈的创新欲望和创新勇气。体育教师的创新意识就是体育教师在教学和训练过程中，从不同寻常的独特角度来分析或解决所遇到的难题的思维方式，它包括一个人强烈的进取心和坚定的自信心。体育教师只要树立起正确的创新观念，对创新具有一个客观的认识，就会打破传统体育课程体系和教学模式对教师思想的束缚，不断进取，认真学习，勇于探索实践，善于观察研究，不断感受到通过辛勤劳动而获得创新成果的乐趣，能不断地进行自我激励，敢于尝试，不怕失败。开拓进取，使自己的创新意识和创新精神得以强化、发展和弘扬。

（二）要善于思考，不断发展自己的思维能力

思维是创新能力发展的关键，是创新的源泉，人类所创新的每一件物质产品和精神产品都属于思维的结晶。各种思维能力直接影响着创新能力的形成与发展，发展自己的思维能力应注意以下三点：首先，必须克服定势思维，形成独立思维。问题是创新之母，也是探索事物的开端，形成和培养自己的创新能力。必须养成独立思维、善于提出问题的习惯。人是有求异心理的。对于自己的独创性见解。只要能自圆其说，有合理性，就应自我激励，敢于想象。创新在求异多变的体育教学中体现为，教师应灵活地运用知识、技术克服常规化、模式化的思维定式。其次，要善于运用发散性思维。从多层而、多角度去思考问题，寻求解决问题的方法和创新设想。心理学家也认为，“创新能力正是经发散思维而表现出来的解决问题过程的流畅、变通与独特三方面特征的能力，发散思维水平的高低在某种程度上决定了创新能力水平的高低。”因此，体育教师在教学实践中，应

① 马顺江．高校体育教师创新教育思想的树立［J］．湖北工程学院学报，2010，30（6）：82-84.

善于激活和运用自己的发散性思维。再次，要善于发挥自己的想象力。在体育教学中，教师应通过动用自身的知识、技能，不断实践，不断提出问题，广泛联想，以挖掘和提高想象力，注重自己创新思维的训练，激发创新活动。

二、改善环境，强化外部创新条件

德国心理学家海纳特认为，造成教师创新性匮乏的一个重要原因是当今学校和社会并不重视人的创新能力。因此，为了培养创新型教师就必须为其营造创新的环境。它包括学校环境和社会环境。学校是教师施展创新活动和实现教育理想的重要场所，对教师创新性的发展有重大影响。学校要努力营造具有浓厚的学术气氛、宽松的政策环境、优良的群体结构、良好的人际关系等软环境，为造就一批学者型、研究型、创新型教师提供最基本的条件；学校应重视教师的科研成果，使他们的科研积极性和创新性得到发挥；学校应为教师创设一个团结、协作的环境，使教师心情愉快、精力充沛地完成各项科研任务。学校要努力营造创新性环境，实施创新性管理，最大限度地把每一位教师的潜能激发出来，使其个性和特长得到自由、全面的发挥。

（一）大胆创新，创新性地使用场地器材

体育场地器材设备是完成体育教学任务的基本条件。不可否认，由于我们国家还处于社会主义初级阶段，经济还不是很发达，对各级学校体育的场地器材经费的投入还不是很多，存在着活动场地不多、教学器械不足、设施简陋的现状。这就要求体育教师发扬主人翁精神，在原有的场地器材的基础上进行创新，大胆设计，合理安排，为创新的体育教学提供物质保障。

（二）积极努力，不断创设有利于创新能力发展的环境

实现体育教师创新能力的持续发展与提高，必须要具有一个有利于创新的宽松、和谐的良好环境，主要包括教学环境和学术环境。要创建有利于创新的教学和学术环境，教学管理部门应在创建宽松、民主、高效的教学、科研氛围方面进行改革。建立一个创新型的领导集体。带领广大教职员工进行创新性活动。因为富有创新精神的领导能给教师们起到示范和引导作用。也只有这样的领导集体才能创设自由的氛围，才能尊重教师，并为教师创新提供支持。建立激励机制，从政策和制度上为教师的创新条件，调动教师的积极性，发挥教师的能动性；对教师的创新活动应给予积极地支持，及时做出有利于促使教师创新的评价，给予创新的教师应有的激励或奖励，对教师的创新成果应积极地推广应用。为教师提供

各种方便和机会，尽力帮助教师解决实践过程中的困难，消除他们对创新结果的后顾之忧，同时对创新成果积极推广并予以重奖，让每一位教师勇于实践、敢于探索、善于创新；广泛宣传，使教师能够看到创新的价值和意义，进一步促使教师创新活动的开展，强化创新意识，使教师在创新过程中，不断地发展并提高自己的创新能力。

（三）完善体系，建立健全创新保障制度

创新保障制度，即创新保障体系的制度化形式，具有规范性和约束性。它不仅对管理者的责任和义务做了规定，同时对教师创新活动所应遵循的基本原则有所规定，做到有法可依，有法必依。将各自的责任和义务及权利做到透明化，一方面有利于管理者提高管理效率，接受他人监督，另一方面则有利于激发教师的创造性。创新保障制度大体应涉及以下一些内容：对管理者而言，高校内部的仪器设备、图书馆资料以及为教师信息化提供的一些基础设施等能满足教师教学与科研的需要；教师对外交流，包括学术交流、继续教育和在职培训；对教师创新成果的肯定和承认，设立一定奖惩标准等。创新保障制度的建立，需要管理者、教师、学生等学校成员的共同参与和讨论以做到决策民主化，并在实际工作中，不断完善，逐步建立符合本校实际情况的创新保障制度。

三、自我培育，提高创新实践能力

（一）认真学习，不断获得丰富的知识和熟练的技术、技能

“创新必须有突破，要突破就必须创新。创新必须继承好前人的知识、技能，掌握前人总结的经验。”“将旧有的观念或存在组合在一起，形成对社会有价值的新的精神观念或物质存在。”心理学研究表明，个体的创新性与个体的智力、个性及知识有关。由此可见，知识和技能的学习与掌握是创新能力发展与提高的基础。体育教师要实现创新能力的持续发展与提高，就必须在学习中巩固现有专业知识、技能和文化知识，还得要博览群书、学习新知识、新兴体育项目和运动技术，不断开拓自己的知识面和技术、技能面。因为现代社会的新知识、技术层出不穷，知识更新速度越来越快，新知识、技术的学习对体育教师创新能力的形成与发展显得尤为重要。随着信息社会的到来、国际互联网的普及、延伸和覆盖面的增大，为广大体育教师提供了丰富的学习渠道；继续教育的实施也为体育教师提供了学习机会；进修、培训、各种文流、攻读学位等都为体育教师的继续学习和深造创新了条件。体育教师只有抓住机遇，勤于求知。才能不断获取应有的知

识、技能，才能以丰厚广博的知识、技能，为自己创新能力的发展与提高打下坚实的基础。

（二）勇于实践，不断发展创新实践能力

发展创新实践能力主要是通过教学和科研两条途径。体育教学具有实践性强的特点，教学过程就是在规定目标、内容、任务的前提下，教师运用教育理论，面对不同群体（学生），将知识、技术最大效率地传授给学生，获得最佳效果的过程。在这个过程中，部分要素是固定的，但教师的知识层次、相关知识面、技术专长、教学能力及学生群体的素质、知识的接受、技能的形成等是千差万别的，那么最大效率和最佳效果的获得就需要教师根据各种要素，发挥专长优势，符合学生实际，采用最优化的教学手段、形成最优化的教学过程。实际上也就是教师的教学创新实践过程。体育科研就是根据学校体育的已知因素和发展变化规律，凭借个人的学识和思维能力，预测未来发展结果或可能出现的现象。研究中的预测能力决定着选题和研究思路，调查实验能力直接影响着调查实验设计、过程和效果等。科研过程实际上也是一个创新实践的过程。科研能力直接影响着创新结果。因此，教师必须勇于实践，积极从事教学探索和科学研究，勇于创新，在实践中不断训练自己的创新能力。

（三）努力探索，不断发展个性

个体的个性与创新性有关，创新能力的发展与提高必须从塑造自己的个性入手。体育教师塑造自己的个性必须从四个层面做出努力：一要具备人的共性。要想立业，必先立人。普通人具备的素质，自己也必须具备。体育教师是知识分子，同时也必须具备知识分子的共性。要塑造出色的个性，必须先成为一个优秀的人，这是成为一个优秀的知识分子的前提。二要追求独立的人格。追求独立的人格就要有“富贵不能淫，贫贱不能移，威武不能屈”的独立人格精神。树立主体意识。这就意味着发挥自己的能动性、主动性、选择性和创新性，意味着追求自己的理想和人生价值目标。工作中要善于体验主体意识的满足所带来的快乐与激情，力争做一名具有主动性的人，成为自觉的创新主体。三要发挥个人的优势。体育教师各有自己的知识结构、技术专长、工作能力和兴趣爱好等，每个教师的综合素质各不相同，每个人都有自己的短处，也有自己的长处。虽然人有所长，但不一定每个人都能准确地看到自己的所长。有了所长，关键是自己要能发现这种优势，发现了自己的优势，就要在教学中努力地发挥它、强化它，进而形成鲜明独特的个性特征。四要全面展现自我。体育教师如果发挥个人优势是个性

某一点上的深化和突破，那么全面展现自我就是个性丰富性上的拓宽与完善。“个性是一个多素质系统，本质上是丰富多彩的，有时甚至存在着矛盾因素。”人是一个有机的整体，个性中的多种素质是相互作用、相互影响的，只要我们认识到这一点，运用多维方法努力探索、思考问题，将多种素质（包括矛盾因素）建立联系，就会产生新的解决问题的方法。体育教学是一个开放性的教育过程，它具有创新性探索和研究的性质，因此体育教学也是一个不断开拓、不断创新的过程。作为体育教师就是要敢于突破权威思想，敢于提出变革的见解，大胆探索，使自己具备创新精神，才会使教学科研成果不断更新。

参考文献

[1] 李雄杰．创新教育探索［M］．北京：中国水利水电出版社，2014.

[2] 李优良．中国十一五教育探究 创意教育卷［M］．北京：人民日报出版社，2008.

[3] 唐平．大学生创业教育研究［M］．北京：清华大学出版社，2014.

[4] 王国平．品牌制胜 高校品牌战略体系的构建及实施［M］．北京：知识产权出版社，2012.

[5] 高福安，林淑华．创新人才培养方法论［M］．北京：中国广播电视出版社，2005.

[6] 刘素梅．教育现象大观察［M］．南京：江苏美术出版社，2011.

[7] 齐世荣．创新是国家兴达的不竭动力［J］．新湘评论，2008，(6)：55-57：.

[8] 顾平忠．创新教育方法在高中体育教学中的实验研究［D］．昆明：云南师范大学，2007.

[9] 张勉行．关于体育创新教育的思考［J］．内江师范学院学报，2005（2）：120-123.

[10] 张松奎．体育教育学［M］．徐州：中国矿业大学出版社，2013.

[11] 张胜利，邢振超，孙宇．高校体育教学与科学训练［M］．北京：九州出版社，2015.

[12] 陶克祥．体育课程文化发展论［M］．北京：北京体育大学出版社，2014.

[13] 田洪．创新教育理念下体育教学方法理论与实践研究［J］．学理论，2014（21）：223-224.

[14] 霍军．创新教育理念下体育教学方法理论与实践研究［D］．北京：北京体育大学，2012.

[15] 依布拉衣木·艾海提．基于创新教育理念下体育教学方法理论与实践研究［J］．赤子(中旬)，2013（8）：113-114.

[16] 李启迪，邵伟德．体育教学基本理论研究［M］．北京：北京师范大学出版社，2014.

[17] 毛平丽．大学体育创新教育研究［J］．科学咨询（科技·管理），2012（5）：95-96.

[18] 董旭晖，王海娜．浅议现代化教学手段在体育创新教育中的运用[J]．体育世界，2006（7）：40-41.

[19] 张爱兰．新课程理念下的高中体育创新教学模式探究［J］．考试周刊，2016（14）：106.

[20] 侯松．试论大学体育教学模式的改革与创新［J］．辽宁教育行政学院学报，2009（10）：68-70.

[21] 张平，杨敬研，李松哲等．休闲体育与大学体育教育创新模式［J］．吉林医药学院学报，2011（6）：371-372.

[22] 李小卫．专业化视野中的创新型教师［M］．长春：吉林科学技术出版社，2006.

[23] 苏苗．影响普通高校体育教师创新能力的因素分析［D］．长沙：湖南师范大学，2007.

[24] 马顺江．高校体育教师创新教育思想的树立［J］．湖北工程学院学报，2010（6）：82-84.

[25] 闫艺，陈敏，吴建华．体育创新教育及其教学评价研究［J］．辽宁体育科技，2005（4）：64-65.
[26] 曾庆涛．我国体育教师评价体系研究［D］．开封：河南大学，2011.
[27] 马雪峰．吉林省高师体育教育专业学生创新能力评价体系构建研究[D].长春：东北师范大学，2007.